「小さな会社」でもすぐ役立つ

オーナーのための 自社株承継 完全バイブル

日本総合研究所
シニアマネジャー／公認会計士
野尻 剛

すばる舎リンケージ

はじめに

戦略コンサルタントに身をおき20年近く経ちました。

この間、様々なテーマのコンサルティングを行ってきましたが、初期の頃から今日まで一貫して手掛けてきたテーマが「事業承継」です。

当初、事業承継と言えば税理士等の専門家が取扱う領域であり、戦略コンサルタントで事業承継を支援している方は皆無だったと思います。私は公認会計士というバックボーンがあったため、事業承継にも携わるようになったのですが、社内にお手本となるコンサルタントも居なく、外部の会計事務所と協働しながらのスタートでした。

最初のプロジェクトで私は一種のカルチャーショックを受けました。「株価が高いので株価を引下げる」クライアントからも、一緒に支援していた会計事務所からも、殆どその話しか出なかったためです。

通常、戦略コンサルタントはクライアントの売上高や利益を増やし、企業価値を高めることをお手伝いします。しかし、事業承継では逆のことが望まれました。もちろんそれは相続税対策のためという明確な理由があるわけですが、「税金が減ってもそれ以上に損をしたら意味がない」そのように強く感じました。

また、事業承継という経営者の世代交代をテーマにしているのにも係わらず、自社株承継の話しか出てこない状況に「経営をどう承継していくのか、事業をどう承継していくのかといった本来最も大事な部分が疎かになっている」という違和感も強く感じました。

一方で、経営者の世代交代というタイミングのコンサルティングは、非常に興味深く感じることがありました。それは「会社とは何だろうか？」という極めて根源的な疑問です。会社はゴーイングコンサーン、何十年、何百年と続きます。しかし、そこで働く人々は生身の人間ですから長くても40年程で移り変わって行きます。それは経営者に限らず、組織のあらゆる階層で起きるわけですが、それでも会社は会社として続きます。著名な会社名を聞けば何かしらのイメージを抱くように、会社は正に１つの「人格」として存在します。その人格、コーポレートブランドと換言しても良いですが、それがどこから形成され、どの様に変化するものなのか、経営者の交代はどの位のインパクトを持つものなのか、興味は尽きませんでした。

その興味から私は「次世代への経営承継」という言葉を使うようになりました。事業承継＝自社株承継というイメージが強すぎたためです。もちろん自社株承継も大切ですが、経営をどう引継いで行くかも同じく大切である、両輪のような関係だと問い続けました。

そのため、私の事業承継コンサルティングの実績は、単なる自社株対策だけではなく、経営基盤の強化、後継者の選出・育成、事業ノウハウの承継、グループ組織再編といった経営承継に係るテーマを、時代の認識を先取りする形で蓄積してきました。単なる自社株対策であれば、それを専門とする税理士法人の方が詳しく、実績もあると思います。しかし、自社株承継と経営承継の両輪を長年支援してきた「実践知」が私にはあると自負しています。

本書ではその「実践知」を豊富な事例を基に解説しています。事例はすべてこの20年間でコンサルティングを通じて見聞きした生きた事例です。学術的に見れば綺麗な体系化は出来ていないかもしれませんが、その分実践的なバイブル、本書片手に当社でも真似してやってみようかという内容に仕上がっていると思います。

1章では、自社株に関する基本的な知識について説明しています。会社法や相続税法等、自社株を正しく承継するために最低限理解しておくべき事項をまとめています。詳しい方は読み飛ばしても大丈夫です。

2章では、自社株が抱える将来リスクについて、6社の事例を通して考察しています。何れの会社も時系列を捉えた事例となっていますので、対策を打つ時に将来的に留意すべきことは何かが分かります。

3章では、「誰に」承継していくかを考察しています。ここで言う承継は自社株承継だけではなく、社長の承継も含まれます。社長の承継について、ここまで詳しく解説した書籍は他にはないと思います。

4章では、「いつ」承継するのか、承継時期・タイミングについて考察しています。承継手法を解説した良書は数多くありますが、時期・タイミングに注目したものは稀だと思います。私が培ってきた「実践知」として最も紹介したいところです。

5章及び6章では、自社株の引継ぎ手法等について説明しています。5章はオーナー企業として親族に引継ぐ場合、6章はオーナー企業から脱却して親族以外に引継ぐ場合を取り上げます。

最後に、本書はこれから事業承継を考えている現経営者やそれをサポートする経営企画・総務・財務の担当者が読まれることを主として想定しています。つまり、事業承継の「譲る側」です。多少、結論めいたことを書いてしまうと、「次世代の会社のあるべき姿を示す」までが「譲る側」である現経営者の最後の仕事だと思います。本書が皆様の会社の事業承継に少しでもお役に立てれば幸いです。

2018年8月

野尻　剛

「小さな会社」でもすぐ役立つ
オーナーのための
自社株承継完全バイブル
目次

「小さな会社」でもすぐ役立つ
オーナーのための
自社株承継完全バイブル

第3章 「自社株」を誰に承継するのか

第4章　「自社株」をいつ承継するのか

第5章　オーナー企業として引き継ぐ場合

第6章　オーナー企業から脱却する場合

装丁――――遠藤陽一（DESIGN WORKSHOP JIN Inc.）

第1章

今さら聞けない「自社株」の解説

自社株とは何なのか？
その種類、機能、用途、評価、相続など、
押さえておくべき基礎知識を網羅！

1 株主の権利とは何か

この章では、自社株対策を考える上で必要となる基礎的な知識について解説します。そもそも株式とは何か、株価はどのように算定するのか、会社法や相続税法の観点から取り上げます。

株主の権利は大きく分けて2つ

会社が事業活動を行うためには、元手となる資金が必要です。株式会社の場合、投資家に対して株式を発行することで資金調達をします。例えば1株1万円として1,000株発行すれば、1,000万円の資金を調達することができます。

投資家は株式を取得することで、その株式会社の株主となります。つまり株式とは、株主たる地位を表すものであり、株式を売買するということは、株主としての権利を売買することと同じです。

図表 1-1 ◆ 株主の権利（自益権と共益権）

	自益権	共益権
定義	株主が会社から経済的利益を受ける権利	会社の管理運営および監督に関与する権利
例示	◆剰余金配当請求権 ◆残余財産分配請求権 ◆新株引受権 ◆株式買取請求権	◆議決権 ◆代表訴訟提起権 ◆取締役の違法行為差止請求権 ◆会計帳簿閲覧請求権

では、株主の権利とは何でしょうか？　株主の権利は大きく２つに分かれます。１つは自益権で、配当を受け取るなどの株主個人の利益に関係する権利です。もう１つは共益権で、株主総会における議決権など、会社の管理運営および監督に関与する権利です。

株主総会とは何か

これらの株主権利のうち、自社株対策を考える上で、最も留意すべき権利は株主総会における議決権です。株主総会は株式会社の最高意思決定機関であり、組織構造として表すと図表1-2のように最上位に位置づけられます。つまり社長より偉い存在ということです。

その株主総会では、取締役の選任・解任をはじめとするさまざまな議案を多数決により決定します。その多数決に参加する権利が議決権です。

図表 1-2 ◆ 株式会社の一般的な組織構造

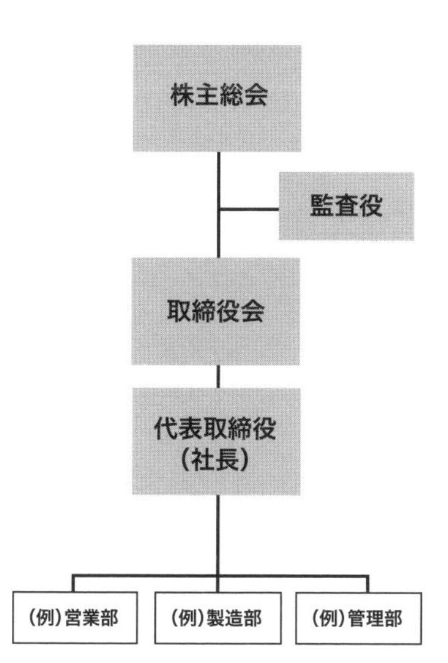

【株主総会】
- ✓ 株式会社の最高意思決定機関
- ✓ 取締役や監査役の選任・解任をはじめ、株式会社の組織・運営・管理等に関する重要事項を決定する

【取締役会】
- ✓ 株主からの委託を受け、会社の業務執行を行う機関
- ✓ 重要な業務執行の意思決定を行うとともに、取締役の職務執行を監督する

【代表取締役】
- ✓ 株式会社を代表する権限（代表権）を有する取締役
- ✓ 取締役会決議により選任される

【監査役】
- ✓ 取締役の職務執行を監査する機関

株主総会の決議事項

株主総会は、少なくとも年に１回は事業年度終了後に行います。多数決によって決議しますが、議案の重要性によって普通決議と特別決議とに分かれます。

取締役の選任や配当など、よくある議案は普通決議により決定します。普通決議では、議決権の過半数を有する株主が出席し、かつ出席した株主の議決権の過半数の賛成が必要となります。

一方、定款の変更や合併・事業譲渡といったＭ＆Ａに関する議案は、株主に与える影響が大きいため、特別決議により決定します。特別決議では、議決権の過半数を有する株主が出席し、かつ出席した株主の議決権の２／３以上の賛成が必要となります。普通決議と比較すると、出席要件は同じですが、より多くの賛成が必要になります。

図表 1-3 ◆ 株主総会決議事項（普通決議、特別決議）

	要件	決議事項（例）
普通決議	【定足数】 議決権の過半数を有する株主の出席 【表決数】 出席した株主の議決権の過半数の賛成	◆取締役の選任 ◆剰余金の配当 ◆役員報酬の決定 ◆自己株式の取得
特別決議	【定足数】 議決権の過半数を有する株主の出席 【表決数】 出席した株主の議決権の2/3以上の賛成	◆定款の変更 ◆種類株式の導入 ◆合併、事業譲渡、解散

少数株主権

議決権の過半数や２／３以上といった割合に意味があることは前

述のとおりですが、もっと低い割合の場合であっても注意が必要です。それが少数株主権です。

株式会社の重要事項は株主総会で決議され、その決議は議決権による多数決です。つまり、多数の株式を保有している大株主の意向が通りやすいということです。例えば、発行済株式総数が100株で、その内の90株をAさん1人が、残りの10株をBさん他の10人が1株ずつ所有している場合、Aさんが賛成すれば、Bさん他の10人全員が反対しても、議案は賛成多数として決議されてしまいます。

これではAさんが会社を私物化し、Bさん他の株主利益を損なうかもしれません。そうした少数株主利益を保護する必要がある、という考えから生まれたのが少数株主権です（図表1-4）。

自社株対策という観点でいうと、過半数や2／3以上を確保できていれば多少の株式を譲渡しても問題ないと考えるのは早計だということです。1%以上を保有すれば株主提案権や多重代表訴訟提起権、さらに3%以上を保有すると株主総会招集請求権、役員解任請求権、会計帳簿閲覧請求権などの権利が発生します。

図表 1-4 ◆ 主な少数株主権

保有割合	少数株主権(例)
10%以上	◆解散請求権
3%以上	◆株主総会招集請求権 ◆役員解任請求権 ◆業務執行に関する検査役選任請求権 ◆役員等の責任軽減への異議申立権 ◆会計帳簿閲覧請求権
1%以上	◆株主総会の検査役選任請求権 ◆多重代表訴訟提起権
1%以上 又は 300個以上	◆株主提案権 ◆議案通知請求権

2 経営者の保有株式割合によるインパクト

株主の権利について、どのようなものがあるかを説明してきました。今度は経営者の目線から、経営者以外の株主が保有する議決権の割合が高まっていく、つまりオーナー企業の色合いが薄くなっていくと、どのような影響があるのかについて考察します。

100%所有している場合

社長やその配偶者・子供（以下、社長等と呼ぶ）によって全ての株式、つまり議決権の100％を所有している場合、株式会社の所有（株主）と経営（社長）が完全に一致していることになります（図表1-5）。

この場合は、全ての権利が社長に集中することになりますので、会社の意思決定構造やコーポレートガバナンス（企業統治）といった観点からは、個人事業主と大差ありません。

そのため、取締役会や監査役も設置せず、「株主総会＋取締役」という最もシンプルな機関設計を選択している会社も多くあります。

なお、株主総会と取締役については、株式会社である以上は、必ず設置することが会社法上で義務付けられています。

図表 1-5 ◆ 所有と経営が一致している状態

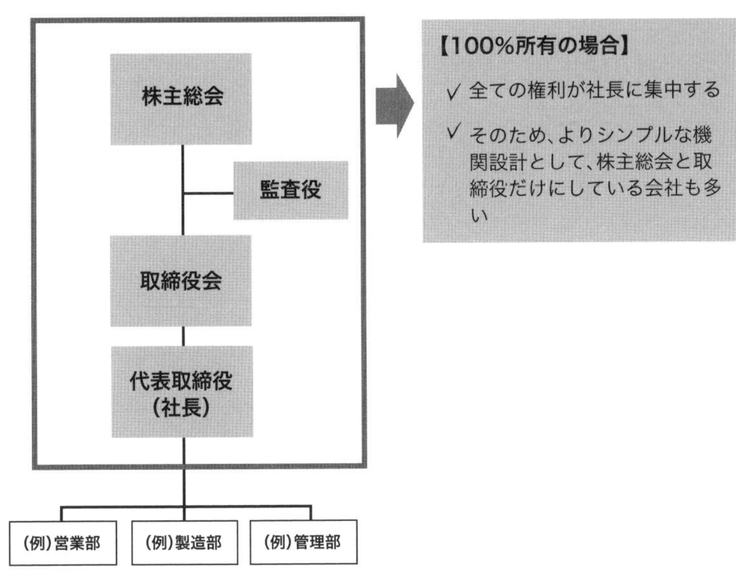

2／3以上を所有している場合

社長等が２／３以上の議決権を所有している場合、株主総会の特別決議を単独で成立させることができます。定款変更やM＆A等の会社に与える影響が極めて大きな重要事項であっても単独で成立できますので、殆どの権利が社長に集中している状況です。

また、90％以上を所有している場合には特別支配株主と呼ばれ、略式合併等における株主総会決議の省略や、株式等売渡請求が認められています。前者は仮に株主総会を開催しても結論は変わらないことから、事務手続きの簡素化を認めるものです。後者は少数株主の有する株式等の全部を、少数株主の個別の承諾なく、金銭を対価として取得することを可能にするものです。いわゆるスイープアウト（少数株主排除）の一種です。

ただし、社長等以外の株主が1%や3%以上といったある程度の割合を所有していると、前述のとおり少数株主権が発生しますので、無視できない存在になります。従って、社長に殆どの権利は集中するものの、少数株主の意向にも配慮する必要があり、100%所有時に比べると、社長の自由度は低くなります。

過半数を所有している場合

社長等が議決権の過半数を所有しているが、２／３未満である場合、株主総会の普通決議は単独で成立させることはできますが、特別決議では他株主の賛同を得る必要があります。つまり、株主総会で大抵のことは決定できても、Ｍ＆Ａ等の重要事項は決定できない可能性があります。

自社株対策という観点からは、２／３未満にするか否かは大きなポイントになります。仮に２／３未満にする場合であっても、従業員や取引先等の協力関係にある者に株主になってもらうケースが大半です。

また、過半数所有で特に留意すべきなのは、51%と49%のように合弁会社の形態になる場合です。事業承継の事例ではありませんが、Ａ社は技術的にユニークな会社で、主力事業の１つについて、上場会社と合弁会社を設立することで更なる成長を目指しました(図表1-6)。

株式所有割合はＡ社が51%、上場会社が49%と、Ａ社が過半数を所有していましたが、合弁会社設立契約上、上場会社から合弁会社に対して役員派遣や管理部門の指導、また、これはＡ社が期待したことでもありますが、営業面のバックアップがなされました。

こうした株式以外の支配力、つまり人に拠る支配力、事業依存に拠る支配力によって、合弁会社の経営主導権は徐々に上場会社が握るようになっていきました。この事例ではＡ社にとっても一子会社の顛末で済みましたが、もし事業承継時にこのような選択をすると、本体の経営権自体を実質的に支配されかねませんので、注意が必要です。

図表 1-6 ◆ 株式以外の実質的な支配力

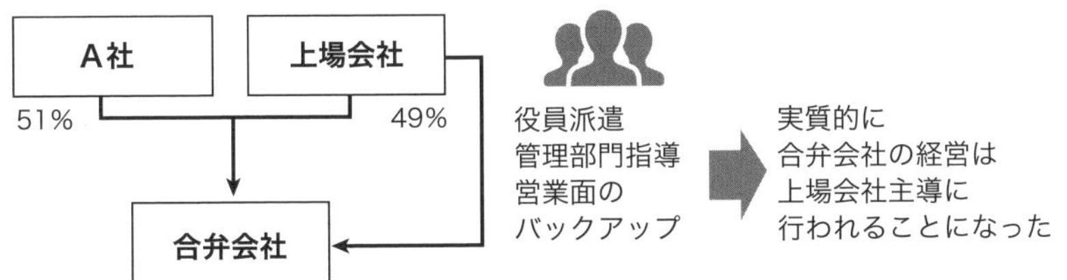

1／3超を所有している場合

社長等が議決権の１／３超を所有しているが、過半数に届かない場合、株主総会の特別決議を単独で阻止はできるものの、普通決議であっても単独では成立できないため、社長への権力集中度合いは一気に低下します。所有と経営が分離しはじめる、オーナー企業から脱却しつつある状況とも言えます。

1／3以下を所有している場合

社長等が議決権の１／３以下を所有している場合、株主総会における単独での影響力はなくなります。つまり、他株主が賛同すれば、Ｍ＆Ａ等の重要事項を決定する特別決議であっても成立してしまいます。

自社株対策として、ここまで社長等の保有株式割合を低下させることは稀ですが、相続税対策として株式を分散させ、あえてこうした状況にする場合もあります。詳しくは後述しますが、筆頭株主グループの議決権割合が30％未満であると、「同族株主のいない会社」に該当し、その場合一定の要件を満たすと、配当還元方式と呼ばれる一般的に安い株価で評価することが可能となるためです。

図表 1-7 ◆ 議決権保有割合によるインパクト

社長等の 議決権保有割合	経営者への権限集中状況
100%	全ての権利が社長に集中している状況
90%以上	特別支配株主による少数株主の株式等売渡請求が可能 略式合併等における株主総会決議の省略が可能
2/3以上	株主総会の特別決議を単独で成立させられる
過半数	株主総会の普通決議を単独で成立させられる
1/3超	株主総会の特別決議を単独で阻止できる

3 種類株式とは何か

様々な活用方法が広がっている

ここまでの説明では普通株式を前提としていましたが、普通株式とは異なる権利や制限を設けた株式を発行することもできます。そのような株式のことを種類株式と呼びます。

種類株式は会社法が平成18年に施行された際に整備され、さまざまな活用方法が広がってきています。種類株式には図表1-8に掲げるようなものがあり、以下では自社株対策として種類株式がどの様に活用されているかについて説明いたします。

図表1-8 ◆ 種類株式の一覧

種類株式の種類	定義内容
剰余金の配当	剰余金の配当について、他の株式より優先または劣後する株式
残余財産の分配	残余財産の分配について、他の株式より優先または劣後する株式
議決権制限付株式	株主総会決議事項の全部または一部について、議決権を行使できない株式
譲渡制限付株式	譲渡について会社の承認を要する株式
取得請求権付株式	株主が会社に対して、取得を請求できる株式
取得条項付株式	一定の事由が生じたことを条件に会社が取得することができる株式
全部取得条項付株式	株主総会の特別決議により会社が全部を取得することができる株式
拒否権付株式（黄金株）	株主総会または取締役会において決議すべき事項のうち、その決議の他に、種類株主総会の決議を必要とする旨の定めがある株式
役員選任権付株式	全部または一部の取締役・監査役を選任する権利を有する株式

議決権制限付株式

議決権制限付株式とは、株主総会決議事項の全部または一部について、議決権を行使できない株式のことです。特に全部について行使できないとした株式については、無議決権株式と呼ばれることもあります。

自社株対策としては、社長後継者以外の者に自社株を渡す際に、優先配当株式とセットにして活用される場合が多いです。B社の事例では、社長所有株式の一部を議決権制限（無議決権）と優先配当をセットにした種類株式に転換した上で、従業員持株会に譲渡しました（図表1-9）。

こうすることで、経営者にとっては議決権の分散防止により経営の安定化が図れることがメリットになります。一方、従業員にとっては、安定した配当を優先的に受けることで財産形成に役立ち、モチベーションアップに繋がることが期待できます。

図表 1-9 ◆ 従業員持株会での活用例

B社の事例

種類株式を
譲渡

社長 → 従業員持株会

種類株式の活用

✓無議決権株式
✓優先配当株式

メリット

✓議決権の分散防止（経営安定化）
✓従業員の財産形成・モチベーションアップ

C社の事例は親族承継の場合で、子供が3人いて1人が社長後継者で残りの2人は会社経営にはまったく関与していない状況でした。当初は社長後継者に全ての株式を承継する考えでしたが、相続財産の大部分が自社株であったため、公平な相続にならないことから、社長の奥様、つまり3人兄弟の母親が反対意見でした。

また、やや専門的な話になりますが、民法では遺産の一定割合の取得を相続人に保証する「遺留分」という制度が規定されています。これは相続人にとって不利益な事態を防ぐための制度で、自社株の全てを1人の子供に相続させると、残りの2人から自己の遺留分の範囲まで財産の返還を請求する「遺留分減殺請求」が行使される可能性があり、訴訟にまで発展することも考えられました。

そこで、社長後継者には普通株式を承継させる一方で、残りの兄弟には無議決権株式を承継させることで、公平な相続となるように贈与等の準備を進めて行くことにしました。

図表 1-10 ◆ 遺留分対策としての活用例

C社の事例

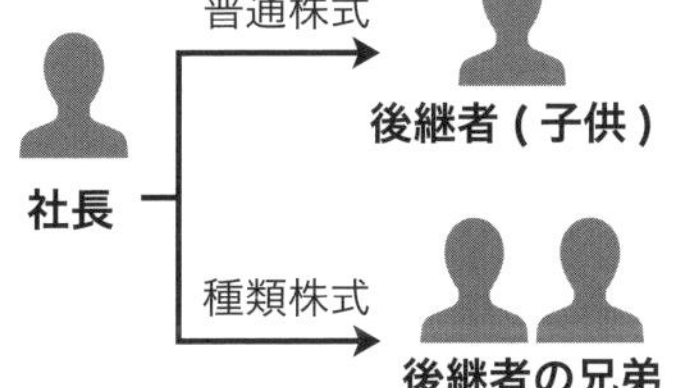

種類株式の活用

√後継者(子供)へは普通株式
√後継者の兄弟には無議決権株式

メリット

√議決権の分散防止(経営安定化)
√公平な相続(遺留分減殺請求の回避)

取得条項付株式

取得条項付株式とは、一定の事由が生じたことを条件として、会社が強制的に買い取ることができる株式のことです。通常、株式を譲渡するか否かは株主の自由意思であるため、会社が買い取りたいと思っても実現することは難しいですし、譲渡価格をめぐって交渉がもつれることもよくあります。

しかし、取得条項付株式であれば、例えば図表1-11のように「株主の死亡」を取得条項における条件としておくことで、株主の死亡により強制的に買い取ることができます。こうすることで、代を経るごとに株式が分散していくことや、経営者から見て望ましくない者に自社株が渡るリスクを軽減することができます。

なお、同様のことは全部取得条項付株式でも実現できます。取得条項付株式の場合は、事前に取得事由を定めておく必要がありますが、全部取得条項付株式の場合は、株主総会の特別決議により取得が可能です。事前に取得事由を決めておかなくてもよい分、全部取得条項付株式の方が機動性・柔軟性といった面では優れています。

図表 1-11 ◆ 取得条項付株式の活用例

普通株式の場合

✓ 代を経るごとに株式が分散する
✓ 結果的に望ましくない株主となるリスクあり

「株主死亡」を条件とする取得条項付株式の場合

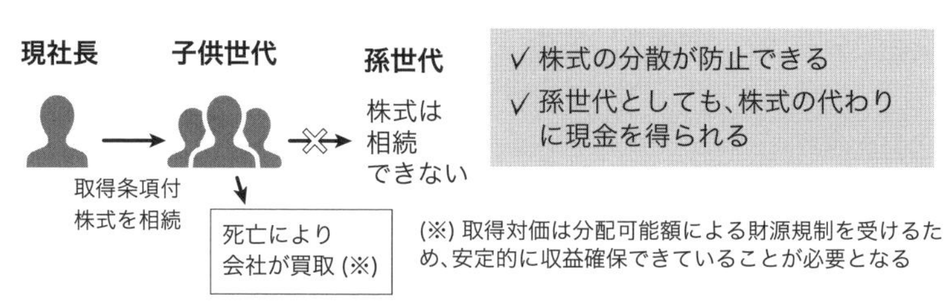

拒否権付株式

拒否権付株式とは、株主総会または取締役会決議事項について、種類株主総会における承認決議を必要とする拒否権がある株式です。

自社株対策としては図表1-12のように、いわゆる「黄金株」としての活用が考えられます。社長をバトンタッチし、基本的には経営の舵取りは任せるのですが、後見人として黄金株を所有します。後継者が誤った方向に進みそうになったら、拒否権を発動することにより軌道修正を促します。

黄金株と呼ぶと何でも自由に決められる凄い株式というイメージを受けますが、実際には拒否できるだけであって、株主総会や取締役会決議に積極的に関与できるわけではありませんので、注意が必要です。

図表 1-12 ◆ 黄金株としての活用例

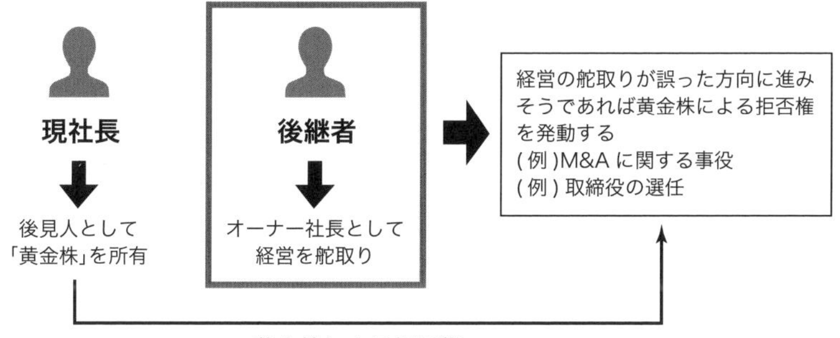

譲渡制限付株式

譲渡制限付株式は、会社法施行により種類株式の一種と位置付けられましたが、非上場企業では下記の定款記載例のように、全ての株式を譲渡制限付株式とすることが、以前から一般的でした。譲渡制限を付すことで、会社にとって望ましくない第三者が株主となることを排除し、経営の安定化を図ることが出来ます。

【定款記載例】

（株式の譲渡制限）
第○条　当会社の株式の譲渡による取得については、取締役会の承認を受けなければならない。

ただし、株主からすると株式は金融資産ですので、譲渡によって投下資本を回収して、経済的利益を得ることができるのが原則です。従って、譲渡制限付株式であっても、会社に対して譲渡承認の要求を行い、会社が承認しない場合には、会社による買い取りまたは買取り人（例：他の既存株主等）を指定することを要求できます。

社債類似株式

種類株式を以下のとおり組み合わせすることで、社債を発行する場合とほぼ同様の効果を得ることができます。このような組み合せの種類株式を社債類似株式と呼びます。

【社債類似株式の組合せ（例）】

1. 剰余金の配当	優先配当とする
2. 残余財産の分配	発行価額を上限とする
3. 議決権制限	無議決権とする
4. 取得条項	定期日に発行価額で償還する

社債類似株式の評価は、利付き公社債の評価に準じて、発行価額により評価できるメリットがありますので、役員・社員への自社株の渡し方として、従業員持株会等とは少し違ったインセンティブ制度として活用することが考えられます。

4 自社株の株価はどうやって決まるのか

ここまでは、株主権利や株式の種類など、会社法について説明しました。本項以降では税法、特に相続税法に関することを説明します。

株価(相続税評価額)の決まり方

上場企業であれば株価は市場流通価格によって決定しますが、非上場企業の場合は基本的には相続税評価額によって株価を決定します。その際の判定チャートは図表1-13のとおりです。

まずは取得株主の判定を行い、原則的評価方式で株価算定するか、特例的評価方式で株価算定するかを決定します。特例的評価方式による場合は、配当還元価額で算定することになります。

原則的評価方式で算定する場合には、次に会社規模を判定します。会社規模は大会社から小会社まで5段階あります。また、株式保有特定会社等に該当しないか否かを判定します。

最後に原則的評価方式での株価評価方法を決定します。株価評価方法には純資産価額と類似業種比準価額の2つの方法があり、大会社の場合には何れかを用います。中会社以下の場合には、この2つの評価方法の折衷方式による株価か、純資産価額の何れかを用います。なお、株式保有特定会社等に該当する場合には、基本的には純資産価額を用います。

図表 1-13 ◆ 非上場株式の相続税評価額判定チャート

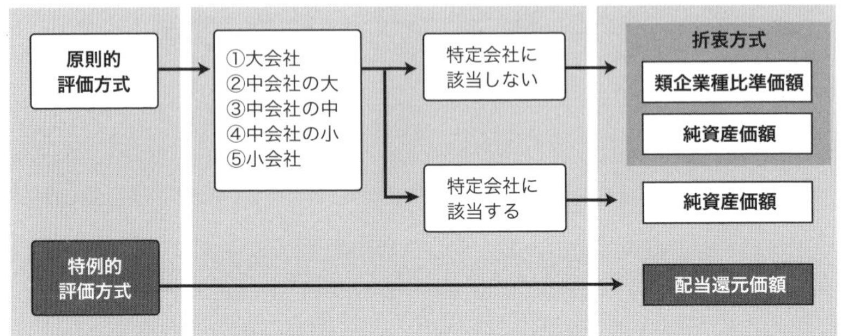

取得株主の判定

取得株主の判定は、専門的で複雑であるため、本書ではポイントとなる概要のみを説明します。

最初のポイントは、自社に「同族株主がいるかいないか」です。同族株主とは、議決権総数の30%以上を所有する株主グループのことです。ここでグループと表現しているのは、株主個人で判定するのではなく、同族関係者、例えば配偶者や子供が所有する株式まで含めて判定するためです。非上場のオーナー企業であれば、大抵は「同族株主のいる会社」に該当するはずです。

次のポイントは、取得する株主が「同族株主に該当するか否か」です。オーナー企業で親族に承継する場合には同族株主に該当し、親族以外、例えば自社の役員・社員に承継する場合には同族株主には該当しません。同族株主に該当する場合には、基本的には原則的評価方式となります。同族株主以外の株主の場合には、特例的評価方式となります。

取得株主の判定チャートは非常に複雑ですが、非上場企業の自社株承継の9割以上のケースで、上記で説明した2つのポイントで事足ります。図表1-14では太枠・太字で示しています。

特例的評価方式は株価が安く算定でき、相続税対策という観点から有用であるため、特例的評価方式で算定できるように意図的に株主の分散を図るなどの対策をとらない限り、複雑な判定チャートを理解する必要はありません。

図表 1-14 ◆ 取得株主の判定チャート（概要）

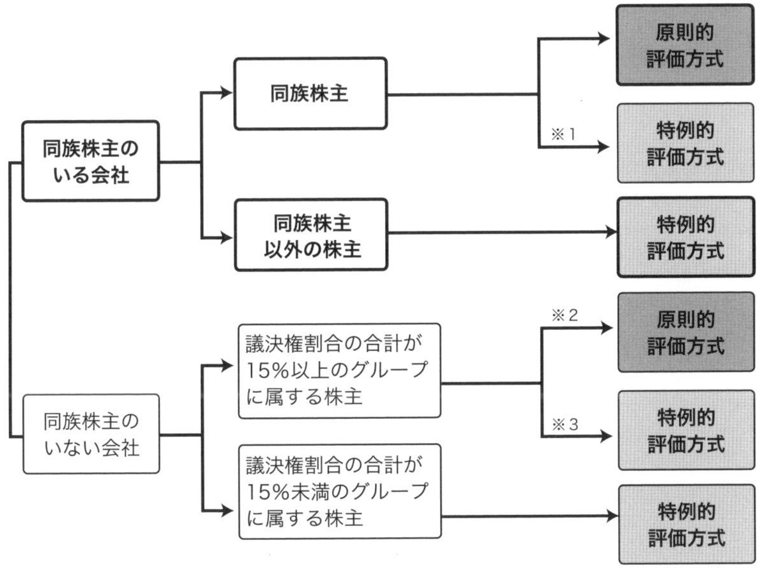

※1）取得後の議決権割合が5%未満で一定の要件を満たす場合
※2）取得後の議決権割合が5%以上、または5%未満でも一定の要件に該当する場合
※3）取得後の議決権割合が5%未満で一定の要件を満たす場合

会社規模の判定

原則的評価方式で株価算定する場合は、次に会社規模を判定します。まず自社の業種を「卸売業」、「小売・サービス業」、「その他」の3つの何れかに区分します。次に「従業員数・総資産価額（帳簿価額）基準」と「取引金額基準」の2つで判定を行い、何れか大きい方の会社規模とします。なお、これらの判定基準は平成29年度税制改正によって、より上位の会社規模に該当しやすくなっています。

従業員数・総資産価額基準では、従業員数が70人以上であると、何れの業種であっても大会社に該当します。70人未満の場合には、従業員数と総資産価額とから判定します（図表1-15）。

図表 1-15 ◆ 従業員数・総資産価額による判定基準

総資産価額 ＼ 従業員数			5人以下	5人超	20人超	35人超	70人以上
卸売業	小売・サービス業	その他					
20億円以上	15億円以上	15億円以上	小会社	中会社の小	中会社の中	大会社	大会社
4億円以上	5億円以上	5億円以上	小会社	中会社の小	中会社の中	中会社の大	大会社
2億円以上	2億5千万円以上	2億5千万円以上	小会社	中会社の小	中会社の中	中会社の中	大会社
7千万円以上	4千万円以上	5千万円以上	小会社	中会社の小	中会社の小	中会社の小	大会社
7千万円未満	4千万円未満	5千万円未満	小会社	小会社	小会社	小会社	大会社

取引金額による判定基準は業種によって異なります（図表 1-16）。この 2 つの判定基準から、一方は「中会社の大」、もう一方は「中会社の小」となった場合には、大きい方の「中会社の大」として判定します。

図表 1-16 ◆ 取引金額による判定基準

取引金額			会社規模
卸売業	小売・サービス業	その他	
30 億円以上	20 億円以上	15 億円以上	大会社
7 億円以上	5 億円以上	4 億円以上	中会社の大
3 億 5 千万円以上	2 億 5 千万円以上	2 億円以上	中会社の中
2 億円以上	6 千万円以上	8 千万円以上	中会社の小
2 億円未満	6 千万円未満	8 千万円未満	小会社

特定会社の判定

特定会社には幾つかありますが、実務上留意すべき特定会社は下記の 3 つです。これらに該当すると、基本的には純資産価額での評価方法となります。

【留意すべき特定会社とその評価方法】

特定会社の区分	該当した場合の評価方法
①比準要素数 1 の会社	純資産価額または併用方式（L=0.25）
②株式保有特定会社	純資産価額またはS_1+S_2方式
③土地保有特定会社	純資産価額

併用方式＝類似業種比準価額×L＋純資産価額×（1－L）

比準要素数１の会社とは、類似業種比準価額を算定する際の要素である「利益」「配当」「純資産」の何れか２つがゼロである会社です。例えば、赤字が続いている会社で、配当をしていないと該当します。

株式保有特定会社は、総資産に占める株式等の価額の割合が50％以上である会社が該当します。総資産、株式等の何れも相続税評価額で計算をします（図表1-17）。

なお、S_1+S_2方式とは、株式保有特定会社を株式等のみを保有する甲社と株式等以外の資産を保有する乙社とに分け、甲社は純資産価額（S_2）、乙社は原則的評価方式（S_1）で評価し、その合算額を株価とする評価方法です。

図表 1-17 ◆ 株式保有特定会社の判定基準

$$\text{株式保有割合} = \frac{\text{株式等の価額（相続税評価額）}}{\text{総資産価額（相続税評価額）}} \geqq 50\%$$

土地保有特定会社は、総資産に占める土地等の価額の割合が、大会社は70％以上、中会社は90％である会社が該当します。小会社の場合は、総資産価額が大会社の基準に該当していれば70％以上、中会社の基準に該当していれば90％以上の時に土地保有特定会社に該当し、それ以外では該当しません（図表1-18）。

図表 1-18 ◆ 土地保有特定会社の判定基準

会社規模	判定基準
大会社	$\frac{\text{土地等の価額(相続税評価価額)}}{\text{総資産価額(相続税評価価額)}} \geqq 70\%$
中会社	$\frac{\text{土地等の価額(相続税評価価額)}}{\text{総資産価額(相続税評価価額)}} \geqq 90\%$
小会社	・総資産価額が大会社の基準に該当する会社は、土地保有割合 70%以上 ・総資産価額が中会社の基準に該当する会社は、土地保有割合 90%以上 ・それ以外の小会社は対象外

株式評価方法の決定

何れの会社規模であっても 2 つの株価評価方法があり、どちらか低い方の株価で評価します。中会社以下では、類似業種比準価額の影響割合が低下していきます（図表 1-19）。

図表 1-19 ◆原則的評価方式のまとめ

会社規模		株価評価方法
大会社		類似業種比準価額　or　純資産価額
中会社	中会社の大	併用方式（L＝0.9）　or　純資産価額
	中会社の中	併用方式（L＝0.75）　or　純資産価額
	中会社の小	併用方式（L＝0.6）　or　純資産価額
小会社		併用方式（L＝0.5）or　純資産価額

併用方式＝類似業種比準価額×L＋純資産価額×（1－L）

5 純資産価額の算定

純資産価額は会社の資産価値に着目した評価方法であり、貸借対照表を基礎とするため理解しやすい点が特徴です。何れの会社規模でも関係しますので、最もベーシックな評価方法と言えます。

純資産価額の算定式

相続税評価額ベースの資産・負債の差額から、「含み益×37%」の金額を控除することで純資産価額を算定します。含み益は資産・負債の相続税評価額と帳簿価額との差額により計算されます。なお、含み損となる場合はゼロとします（図表1-20）。

純資産価額は資産価値、つまり会社を清算した場合に幾らの価値かを算定するものです。含み益がある資産を売却すれば、売却益に法人税等が課税され、手取り収入は目減りします。この法人税相当額を純資産価額に反映させるため「含み益×37%」を控除します。

図表 1-20 ◆純資産価額の算定式

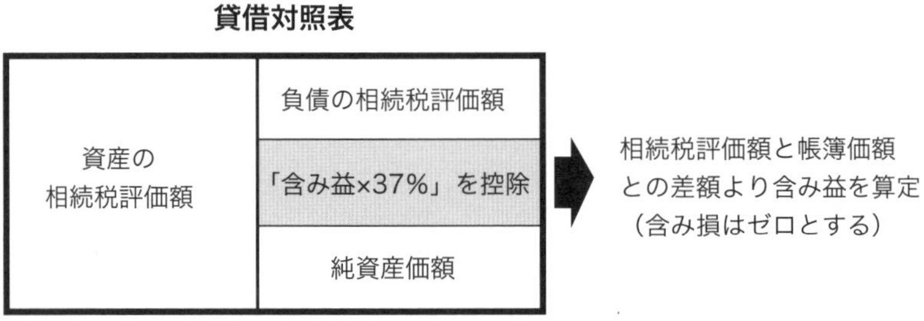

貸借対照表

資産の相続税評価額	負債の相続税評価額
	「含み益×37%」を控除
	純資産価額

→ 相続税評価額と帳簿価額との差額より含み益を算定（含み損はゼロとする）

議決権割合50%以下の株主の特例

取得株主とその同族関係者が有する議決権割合が50%以下の場合は、先の算式で算出した純資産価額から20%減額した金額にて評価します。例えば、純資産価額が10,000円であれば、8,000円で評価することになります。この取り扱いは併用方式でも同様です。

純資産価額が高くなりやすい会社

純資産は過去からの蓄積であるため、業歴の長い会社は純資産価額が高くなる傾向があります。また、かなり昔に取得した不動産を所有している場合にも、相続税評価額で計算することで高額な純資産価額となることがあります。

こうした会社で困るのは、直近の業績が芳しくない場合です。株価が高額となる一方で、会社に資金的な余裕がないため、自己株買いや資金援助ができません。また、経営者への報酬も低いことが多く、オーナー家としての資金繰りも厳しいといった状況に陥りがちです。昔は非常に儲かっていたが、近年の業績は良くないという会社は注意が必要です。

資産管理会社を用いた株価対策

純資産価額を抑える対策として、資産管理会社を通じた間接所有とすることが考えられます。例えば、現時点で純資産価額が1億円の自社株が、5年後には3億円に上昇すると仮定します。

この場合、個人が直接所有していると、5年後の純資産価額は3億円ですが、資産管理会社を通じた間接所有の場合には、「含み益×37%」を控除するため、「3億円－（3億円－1億円）×37%」

で2億2,600万円の純資産価額となります。つまり、「含み益×37%」の分だけ純資産価額を低く抑えることが出来ます。

不動産購入による株価対策

間接所有による対策は、あくまで将来の株価上昇を見込んでのものであり、純資産価額を積極的に下げるものではありません。

それに対し、不動産購入は時価と相続税評価額の乖離を利用したものであり、純資産価額を現状よりも引き下げる対策です。一般に、不動産の時価、つまり実際の売買価格は相続税評価額よりも高い金額となります。例えば、時価3億円の不動産を購入し、当該不動産の相続税評価額が2億円であれば、純資産価額を1億円減らすことが出来ます。

ただし、こうした株価対策に一定の歯止めをかけるため、課税時期前3年以内に取得した不動産については、通常の取引価額に相当する金額、いわゆる時価で評価する特例があります。従って、不動産購入から3年を経過しないと効果は得られません。

会社規模変更による株価対策

一般的に、次項で説明する類似業種比準価額の方が、純資産価額よりも株価対策をしやすい傾向にあります。従って、純資産価額が高額である場合は、会社規模を大きくすることにより、類似業種比準価額で評価できる割合を高め、株価を低くする対策がとられます。

会社規模を大きくするためには、「従業員数を増やす」、「総資産価額を増やす」、「取引金額を増やす」の3つの方向性が考えられます。何れの方向性とするかは、会社規模判定基準上どこが大きくしやすいかに加え、実態として無理のない打ち手が考えられるかにより判断します。

よくある打ち手としては、グループ会社の吸収合併、借入による資産購入、外注業務の内製化、取引先との商行為の見直しなどがあります。以前に比べると上位の会社に該当しやすい判定基準になっていますので、選択肢は広がっていると思います。

6 類似業種比準価額の算定

類似業種比準価額とは、事業内容が類似する複数の上場企業の株価平均値を基に、配当、利益、純資産の3つを比較することで、株価を類推算定するものです。

類似業種比準価額の算定式

算定式（図表1-21）はやや複雑ですが、アルファベット大文字のＡ～Ｄについては国税庁が発表する「類似業種比準価額計算上の業種目及び業種目株価等について」という資料からデータを入手します。このデータは国税庁のホームページに掲載されています。

アルファベット小文字のｂ～ｄは自社の数値を入れます。この際、気を付けるべき点としては以下の2点です。

【類似業種比準価額算定上の留意点】

①ｂ～ｄの金額は、1株当たりの資本金等の額を50円とした場合の金額として計算する
②ｄの純資産価額は、帳簿価額によって計算する

図表 1-21 ◆純資産価額の算定式

$$A \times \frac{\frac{b}{B}+\frac{c}{C}+\frac{d}{D}}{3} \times 0.7（大会社の場合）（※）$$

A：類似業種の株価

B：課税時期の属する年の類似業種の1株当たりの配当金額
C：課税時期の属する年の類似業種の1株当たりの年利益金額
D：課税時期の属する年の類似業種の1株当たりの純資産価額

b：評価会社の1株当たりの配当金額
c：評価会社の1株当たりの年利益金額
d：評価会社の1株当たりの純資産価額

（※）中会社の場合：0.6　小会社の場合：0.5

類似業種比準価額が高くなりやすい会社

配当・利益・純資産の比重が1：1：1に改正されましたので、以前に比べれば利益の影響は薄まりましたが、やはり業績の良い会社の方が、高株価となる傾向があります。

また、利益の影響が薄まったということは、純資産の影響が濃くなったということです。業歴が長いけど、直近の業績は今一つという会社の場合、以前の算定式では低くても、改正後の算定式では思いのほか高くなる可能性がありますので、注意が必要です。

配当を減らすことによる株価対策

配当は自社でコントロールできるため、容易に下げることが可能です。また、非経常的配当は含めないため、株主に配当したい場合には、経常的な配当はできるだけ下げ、特別配当や記念配当として配当した方が得策です。但し、特に理由もなく、特別配当と称して毎期のように支払うと、経常的な配当と見られてしまいます。

利益を減らすことによる株価対策

利益を減らすためには、損金を増やすか、益金を減らすかの何れかが必要です。短期的に実施しやすいのは損金を増やす方で、以下のような施策が考えられます。

【利益を減らす施策（損金計上策）】

①含み損のある不動産の売却

②不良債権、不良在庫等の処分、遊休固定資産の除却

③オペレーティング・リース等の節税商品の活用

④役員への退職金支給

⑤拠出時に損金処理できる退職金制度の導入

含み損のある不動産の売却は、100%グループ会社への売却では、グループ法人税制により損金処理できない他、取得側で不動産取得税等のコストがかかります。

役員への退職金支給は、事業承継というタイミングから良く見られる対策です。先代経営者に退職金を支払って株価を引下げ、自社株についても後継者に移動させることは、理に適った手法と言えます。

なお、益金を減らす方法としては、高収益部門を分社化して子会

社とする施策が考えられますが、株価を引下げるために、実態を無視した分社化をすることは本末転倒です。また、分社化することで業種そのものを変更することも考えられますが、必ずしも株価が下がるわけではないので、事前によくシミュレーションをすることが必要です。

純資産を減らすことによる株価対策

類似業種比準価額の算定要素である純資産は簿価純資産であるため、利益を減らす施策が、純資産を減らす施策としても有効です。どちらかと言うと、利益を減らした結果、純資産にも効果があるというように、副次的に捉えることが多いです。

7 配当還元価額の算定

特例的評価方式である配当還元価額は、少数株主が株式を所有する価値は配当を受取ることにあると考え、配当金額のみから株価を算定する方法です。そのため、原則的評価方式である純資産価額や類似業種比準価額に比べて安い株価となることが多く、自社株の譲渡や贈与がしやすくなるメリットがあります。

配当還元価額の算定式

年配当金額は、類似業種比準価額での配当金額と同じく、1株当たりの資本金等の額を50円とした場合の配当金額です。また、無配であっても2円50銭が最低配当金額として計算します（図表1-22）。

算定式として示すとやや複雑に見えますが、要は年配当金額の10倍が配当還元価額による株価となります。例えば、1株当たり80円の年配当金額であれば、800円が配当還元価額となります。

図表 1-22 ◆配当還元価額の算定式

$$\text{配当還元価額} = \frac{\text{年配当金額}}{10\%} \times \frac{\text{1株当たりの資本金等の額}}{\text{50円}}$$

配当還元価額のメリット

配当還元価額のメリットは、「安い」株価で「安定」している点です。原則的評価方式による株価は高くなりやすく、また業績等によって変動しますが、配当還元価額は経常的な配当金額を一定に保っていれば、同じ株価のままです。譲渡にしろ、贈与にしろ、自社株承継が格段に行いやすくなります。

配当還元価額のデメリット

デメリットは適用対象者が限られることです。具体的には図表1-14で示した取得株主の判定チャートに拠りますが、オーナー企業、つまり同族株主のいる会社であれば、同族株主以外の株主、例えば役員・社員に譲渡する場合などにしか配当還元価額は利用できません。

配当還元価額による自社株対策

配当還元価額は既に安い株価であるため、これを更に引き下げるのではなく、配当還元価額で承継できる対象者に株式を分散することにより、オーナー家が所有する株式割合を減らして、相続税を節税します。

よくある対策は、議決権の１／３未満を上限として、従業員持株会等へ譲渡する方法です。この方法であれば、オーナー家は２／３以上の議決権を確保していますので、経営権が侵害されるリスクは低いと言えます。その一方で、相続財産としては１／３近く減少しますので、相続税を大きく節税することが期待できます。なお、既に説明した種類株式を活用することで、経営権をより安定的なものにすることや、より高い節税効果を得ることも可能です。

また、同族株主のいない会社であれば、配当還元価額の適用対象者が広がります。そうした状況になるよう意図的に株式を分散する対策も過去には良くありました。但し、2章で詳しく説明しますが、過度な株式分散は後世代で問題となることが多く、お奨めはできません。現在は、事業承継をバックアップする制度が増えていますので、それらを活用した方が得策です。配当還元価額を用いた積極的な株式分散は、時代遅れの対策になってきたと思います。

［コラム］
コーポレートガバナンス・コードの影響

◉コーポレートガバナンス・コードとは

2015年から上場企業を対象にした「コーポレートガバナンス・コード（以下、CGCと略記）」という制度が始まっています。この制度のコード（基本原則・原則・補充原則）は全部で73あり、その全てに対して実施をするか、実施をしない場合には、なぜ実施しないかを説明する義務が課せられています。

CGC自体は、非上場企業には直接関係ありませんが、上場企業がCGCを意識することで、結果的に非上場企業にも影響が及びそうなことが幾つかあります。その1つが政策保有株式であり、CGCでは以下のとおり謳われています。

【原則1-4. 政策保有株式】

上場会社が政策保有株式として上場株式を保有する場合には、政策保有株式の縮減に関する方針・考え方など、政策保有に関する方針を開示すべきである。また、毎年、取締役会で、個別の政策保有株式について、保有目的が適切か、保有に伴う便益やリスクが資本コストに見合っているか等を具体的に精査し、保有の適否を検証するとともに、そうした検証の内容について開示すべきである。

上場会社は、政策保有株式に係る議決権の行使について、適切な対応を確保するための具体的な基準を策定・開示し、その基準に沿った対応を行うべきである。

これを受けて、上場企業では政策保有株式の見直しを進めています。極端な対応としては、政策保有株式を原則保有しないことを表明している企業もあります。CGCでは禁止しているわけではありませんが、意味なく保有することは暗に否定した文言とも読み取れ、今後は原則禁止とする企業が増えてくると思います。また、本来の対象は上場株式なのですが、非上場株式も含めて検討する企業が増えています。

◉株主から株式譲渡の意向を突然告げられる

こうした中、ある非上場企業から「株主から株式譲渡の意向を受け、困っている」という相談を受けました。この会社の生立ちは少し変わっており、上場企業など10社程度が出資をして設立された会社です。

既に設立から数十年が経過しており、何の問題もなく経営してきたのですが、株主である上場企業の1社から株式を売却したいと告げられ、その理由はCGCの政策保有株式の原則に対応するため、とのことでした。

◉譲渡制限付株式の譲渡がもつれるとどうなるか

譲渡制限付株式であったため、株主から譲渡承認の要求があったわけですが、株主が譲渡先に挙げたのは、この会社の同業他社でした。資本提携等が比較的多い業界でしたが、プロパー社員からすれば受入れ難い提案でした。しかし、譲渡を承認するか否かは取締役会の判断であり、取締役会メンバーの過半数は主要株主である上場企業から選任されていたため、プロパー社員の意見が通るかは微妙なところでした。

仮に、承認を拒否する場合には、会社で買取るか、買取人を指定するかの何れかの対応が必要となるため、当初は会社で買取ることを計画したのですが、2つの問題がありました。1つは主要株主で取締役も派遣している1社が反対したことです。その反対理由は正直言って支離滅裂な内容でしたが主要株主の意向を無視することはできません。もう1つの理由は、譲渡先がかなり高額な株価を提示していることでした。株主としては同じ株価で買取って欲しいとなるわけですが、一部の株主からだけ高額に買取ることはできません。

もし、他の株主からも買取るとなれば、今度は財務的に難しい状況でした。

図表 1-23 ◆譲渡制限付株式の譲渡手順

株主⇒会社

✓ 株主が株式を譲渡する場合、まずは会社に対して譲渡の承認要求を行う

✓ 会社が譲渡を承認しない場合、会社による買取りまたは買取人を指定することを要求することができる

↓

会社⇒株主

✓ 譲渡を承認しない場合、会社または買取人は買取る旨を通知し、会社の純資産から算定される金額を供託する

↓

売買価格の決まり方

① 当事者の協議による売買価格の決定
② 裁判所に対する株式売買価格決定申請事件の申立
③ 価格決定の申立がない場合には供託額を売買価格とする

株価については、図表1-23で示しているとおり、裁判所で決着するところまで行く可能性があります。そこまでの反骨心はプロパー社員側にもなく、結局は譲渡を承認することになりました。

譲渡制限を付けていても、株主が具体的な譲渡先を見つけて承認を要求してくると必ずしも拒否し切れないため安心できないことを、筆者としても痛感した事例でした。

◉上場企業から出資を受けている企業は要注意

この会社の背景はかなり特殊ですが、上場企業から出資を受けている、受けたいと考えている企業にとっては、対岸の火事ではありません。

上場企業が非上場企業に出資をする目的は様々ですが、当初の目的を達成できそうにないと判断した場合には、出資関係を解消する意向を示す可能性が今後は高いと考えておくべきです。

また、譲渡候補先が出てくると、この事例の様に話が拗れる可能性があるため、先手を打って自己株式買取りを申し出ることも一考の価値があるかと思います。

第2章

「自社株」が抱える将来リスク

結局のところ、会社を動かすのは人間。
思わぬ誤算で取り返しのつかない
事態に陥らないためのポイントとは？

1 株主の分散が招いた悲劇

本章では、自社株が抱える将来のリスクについて、コンサルティングを通じて実際に見聞きした6社の事例を基に考察いたします。何れも自社株承継で何らかの「失敗」をした事例ですので、その失敗を教訓として、自社株の将来リスクを類型化したいと思います。

最初に取り上げるD社は、首都圏を拠点とする専門卸の中堅企業です。配当還元価額で株式を分散していった結果、株主管理が大きな負担となり、経営の安定性を欠いてしまった事例です。

自社株対策の背景

専門卸は小売店等への細かな物流対応が必要とされるため、全国的に中堅・中小規模の企業が数多く存在します。D社もその一社で、元々は地元の名士が創業した会社でした。また、景気の影響を受けやすい取扱商品であったため、業績の好不調の振れ幅が大きく、株価（類似業種比準価額）も年によって大きく上下していました。

配当還元価額で自社株を分散

計画的な株価対策をし難いこともあり、顧問税理士の助言を受けて、創業家以外の役員・社員や取引先に対し、配当還元価額で自社株を譲渡し、創業家の所有株式数を減らす相続税対策を実施してきました。

対策当初は問題がなかったのですが、譲渡した役員・社員が退職する際に自社株を渡したままにしたため、代を経るごとに株主数が増えていきました。更に、創業家も途中から経営に関与しなくなったため、創業家内でも相続によって株主が分散していきました。

株主管理が大きな負担となる

こうした影響から、株主数は100名を超える事態となり、次第に株主管理が大きな負担になっていきました。

具体的にはまず、株主総会の定足数を満たすことが大変になりました。100名以上も株主がいるため、配当さえ貰えればよく、会社の経営状況には興味がないという株主も少なくありません。そうした株主に対し、委任状を催促するなどの手間が生じていました。

また、中には自社株を買い取るよう要求してくる株主もいました。基本的には買い取りに応じていたのですが、株価を巡って交渉事になることも多く、事務局であった総務部の負担は相当なものでした。

歪なガバナンス体制

創業家は、株主グループとしては30％以上の株式を所有する筆頭株主グループでしたが、すでに経営には関与しておらず、また、創業家内の株主数も30名程に分散していました。そのため、個々の株主としての影響力はなく、グループとしての団結力も乏しかったため、創業家グループとしての実質的な支配力は殆どない状況でした。

一方、個人単位での所有比率では、ＯＢ役員２名（何れも歴代の社長経験者で創業家が選任）がそれぞれ10％程度と高かったため、社内上は大株主として位置付けられていました。加えて、現経営陣から見ると先輩であるＯＢ役員２名の発言力は強く、最も気を遣う存在でした。

非上場企業において10％程度の持株比率は、決して大株主とは言えない水準ですが、株主が分散して、中心的な株主がいない状況の中では、本来の「資本の論理」よりも、「人間関係の論理」のほうが強く働き、持株比率から見れば大して影響力のない一部のＯＢ役員の意向が強く働く、歪なガバナンス体制となっていました)。

図表 2-1 ◆ 株主分散がまねいた歪なガバナンス体制

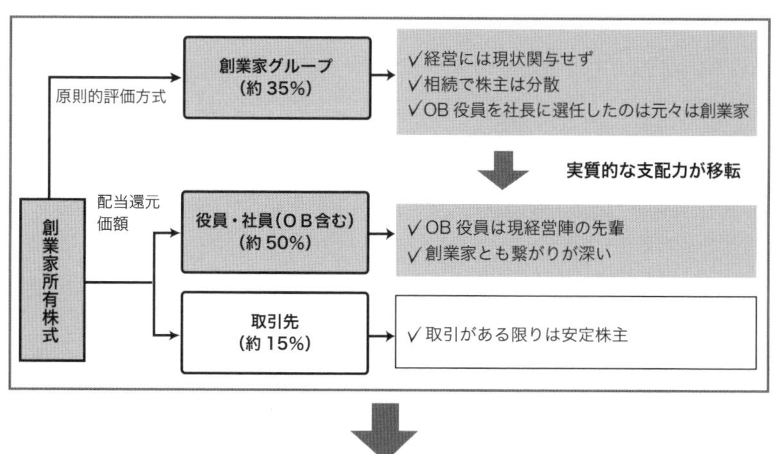

経営の迅速性を欠き業界再編に乗り遅れる

ＯＢ役員は取締役の選任等の株主総会決議事項はもちろんのこと、本来は取締役会で決すべき事項についても口出しすることがありました。そのため、重要事項についてはＯＢ役員に相談してから進めるという風潮が社内に蔓延していました。

こうした社内事情を抱えた中、外部環境としては、全国区の総合卸がD社の主要市場である首都圏の専門商材市場に入り込んできており、徐々にシェアを奪われていました。また、顧客である小売店の中には、メーカーと直接取引に切替える動きも起きていました。

危機感を募らせた社長以下の経営陣は、同業他社数社と共同持株会社を通じた経営統合に向けて動き出します。しかしながら、OB役員から「○○社とうちでは格が違う。なんであんなところと一緒にやるのか」、「持株会社ではなく買収すれば良い」、「××社は長年の商売敵、そんなところと上手くやれるわけがない」などの感情的な意見が相次ぎ、結局は経営統合を断念することになりました。

その後、経営統合の交渉をしていた同業他社の中には、全国区の総合卸の傘下に吸収された会社が幾つかありました。D社を取巻く事業環境は年々厳しくなっていますが、株主構成が足かせとなり、抜本的な解決策を打てずにいます。非上場の中堅・中小企業のよさの1つとして、意思決定やフットワークが迅速で柔軟なところが挙げられますが、D社は長年の自社株対策の失敗から、それらを完全に見失ってしまいました。

図表 2-2 ◆D社の顛末

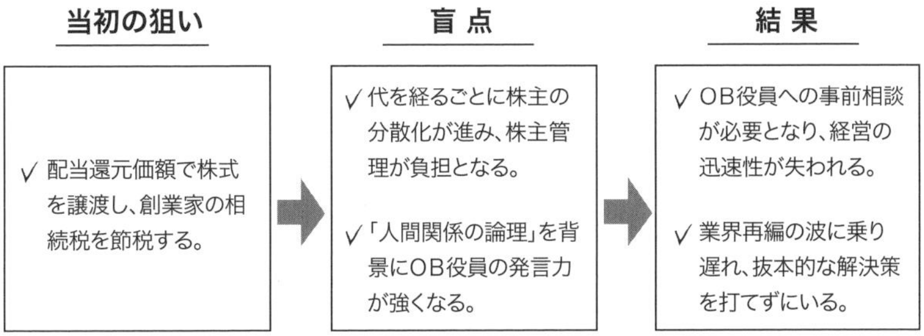

当初の狙い		盲点		結果
✓配当還元価額で株式を譲渡し、創業家の相続税を節税する。	➡	✓代を経るごとに株主の分散化が進み、株主管理が負担となる。 ✓「人間関係の論理」を背景にOB役員の発言力が強くなる。	➡	✓OB役員への事前相談が必要となり、経営の迅速性が失われる。 ✓業界再編の波に乗り遅れ、抜本的な解決策を打てずにいる。

2 安易な資本受入が仇となった悲劇

E社は大手サービス業の一事業部門がスピンアウトして設立された会社です。スピンアウト時にベンチャーキャピタルから出資を受けたのですが、その後、経営方針を巡って経営陣とベンチャーキャピタルとが対立関係に陥った事例です。

スピンアウトの背景

E社が事業部として所属していた元々の会社は、本業の不振から財務構造が悪化しており、借入金圧縮が急務の課題でした。そこで、虎の子であったE社事業部門を売却し、資金を得ることにしました。

出来るだけ高額で売却したい意向から、売却先には同業他社ではなく、ベンチャーキャピタル3社による共同出資会社が選ばれました。

E社事業部門は、独自の商品企画力に優れ、特にシニア層から支持されていました。そのため、当時低迷していた同業界では珍しく、高成長と高収益率を兼ね備えたビジネスモデルが構築されており、売却金額は数百億円と高額でした。

所有と経営が分離した会社に

E社のCEO（最高経営責任者）には、事業部門時代のトップが就任しました。当時、ユニークなビジネスモデルを構築したことで業界でも有名人となっており、誰もが納得の人事でした。

一方、株主構成はベンチャーキャピタル３社合計で過半数を所有していました。残りは元々の会社の親会社グループ等が出資しましたが、CEO の持株数は殆どなく、所有と経営とが分離する会社となりました。

経営方針を巡って対立

Ｅ社は将来的な上場を目指していましたが、上場方針を巡って CEO とベンチャーキャピタルとの対立が生じました。スピンアウトからわずか１年後のことです。

具体的には上場に向けた資本政策として、第三者割当増資を直近取引実績並みで行うべきと考える CEO と、その金額の数倍に当たる株価が適正な割当価格だとするベンチャーキャピタルとの意見が対立しました。

非上場企業の株価算定には複数の手法があるため、どちらの言い分にも一理あるのですが、互いに譲らず、最終的には CEO を解任される事態になってしまいました。

CEOの誤算

当時、筆者はＥ社、つまり CEO の依頼を受けてコンサルティングをしていました。経緯を聞いており、CEO が殆ど株式を所有していない状況も知っていましたので、大株主であるベンチャーキャピタルと喧嘩するような真似をして大丈夫かと言う旨の質問をしました。それに対して CEO は意に介さずという感じでした。恐らくは、自分がいなければこの会社は上手く行かない、だから自分が切られることはない、という自信があったのだと思います。

CEO側にいたから擁護するわけではありませんが、その自信は決して慢心であったとは思いません。ベンチャーキャピタルと対立と書きましたが、3社の内の1社が猛反対している状況で、残りの2社は間に挟まれて困っている状況でした。社内や顧客からの信頼も厚く、何よりも確かな経営手腕を持った人材を更迭したことは、ベンチャーキャピタリストとして軽率であったと思います。CEOにとっては「相手が悪かった」としか言いようがありません。

ベンチャーキャピタルの誤算

CEOを更迭後、経営体制を一新させ、ベンチャーキャピタル各社から取締役が送り込まれました。しかし、この更迭騒動から2年後、ベンチャーキャピタルからの申し出により、全株式を元々の会社の親会社グループに売却することになりました。

売却理由としては、E社の業績不振のためと報道されていましたが、恐らくは、騒動後も経営陣とベンチャーキャピタルとの溝が埋まらず、経営していける状態になかったのだと思います。スピンアウトから4年での破綻は、身から出た錆とは言え、ベンチャーキャピタルにとっても大きな誤算であったと思います。

その後のE社は

E社の運命なのか、その後も株主関係のゴタゴタは続きます。それでも本事例から10年以上経過しますが、E社が今でも業界で一定の存在感を示して事業継続できていることは何よりです。

しかしながら、当時CEOから聞いたビジョンや事業戦略の殆どは実現できておらず、大きな成長変化は感じられません。もしCEOがそのまま経営していたらと、どうしても想像してしまいます。

図表 2-3 ◆E社の顛末

当初の狙い		盲 点		結 果
✓ 財務体質改善のため、高収益部門（E社）を高額で売却したい。	➡	✓ 経営方針を巡り CEO とベンチャーキャピタルの 1 社が対立する。 ✓ CEO は更迭され、経営体制が一新される。	➡	✓ 更迭騒動から 2 年後、業績不振を理由にベンチャーキャピタルが全株式を売却する。 ✓ スピンアウトからたった 4 年でE社は元々のグループに戻る。

3 親子承継が招いた悲劇（その１）

オーナー企業では、子供に事業承継することは今でも有力な選択肢の１つです。そこで３つの会社を取り上げたいと思います。最初の事例となるＦ社は、スズキ系列の自動車部品製造を専業とする中堅企業です。

自社株承継と同時に社長交代

スズキへの売上依存度が９割近くと高く、スズキの成長と共にＦ社も業容を拡大してきましたが、近年は業績が下降トレンドにありました。そのため、設備廃棄による特別損失を計上して赤字となったタイミングで、安くなった株価を利用して、父親が所有する自社株の大半を子供に承継させました。

また、長年社長を務めていた父親が、世間一般の退職年齢を過ぎていたこともあり、自社株承継とほぼ同時期に社長職も子供に譲り、父親は代表権のない取締役会長に就任して、社長を補佐することにしました。

メインバンクからのレッテル

当時、自動車は燃費向上のために軽量化が進められていて、樹脂製の部品が多く採用されるようになっていました。Ｆ社の主力製品は鉄鋼製であったため、樹脂製への切替えが進むことにより、徐々に業績は厳しくなっていました。

そうした状況下で社長交代を進めたわけですが、その直後から極度の経営不振に陥ってしまいます。元々厳しい状況に加えて、主要取引先であるスズキからのコストダウン要請がきつくなったためでした。

新社長が何か大きな経営判断の誤りをしたわけではなかったのですが、時期が時期だけにＦ社のメインバンクは、社長交代が裏目に出たためと考えました。

また、この厳しい経営環境を新社長のままでは乗り切れないと考え、会長職に退いた父親に再び経営の第一線に戻ることを求めました。この要請を断れるほどの財務的な余裕はなく、父親が再び代表取締役社長となり、子供は元々のポジションであった取締役製造部長に戻りました。

その後、コストダウン活動やスズキ以外の事業拡大等により、経営としては持ち直しますが、その事がかえって子供には経営者としての能力がないというレッテルを決定づけることになり、その認識は、メインバンクはもちろんのこと、社員にも広まってしまいます。

子供の退社と自社株の問題

社内に居づらくなった子供は退社してしまい、父親としては長らく唯一と考えていた後継者を失ってしまう結果となりました。色々な苦労も、いつかは子供に会社を引継がせるためと頑張ってきた父親にとって、精神的ダメージは計り知れないものがありました。

加えて、子供に移動した自社株をどうするかが新たな課題として浮かび上がり、一度終わったと思っていた事業承継は、完全に白紙に戻さざるを得なくなりました。

図表 2-4 ◆F社の顛末

当初の狙い	盲点	結果
✓株価が下がったところで子供に自社株を移し、相続税を節税する。 ✓年齢的にも良いタイミングと考え、社長も子供に承継する。	✓元々厳しい状況に加えて、主要取引先からのコストダウン要請が強くなり、極度の経営不振に陥る。	✓メインバンクは経営不振理由が社長交代にあると考え、父親の復帰を求める。 ✓子供の経営能力にレッテルが貼られ、後継者を失うことになる。

4 親子承継が招いた悲劇（その２）

G社は美容関連のサービス業を生業とする中堅企業で、その業界では知名度は高く、特に創業者である父親はカリスマ的な存在として知られる著名人でした。

赤字拡大により社長交代へ

少子高齢化や節約志向による顧客単価の下落等により、G社の業界は市場全体として縮小傾向にありました。一方で、美容関連であるため、トレンドによる浮き沈みがあり、後発の勢いのある競合企業に押される状況にありました。

そのため、G社の業績は長年に亘って低迷しており、ついには営業赤字に陥ります。その赤字幅が拡大した段階で、経営陣の若返りを図ったほうがよいと考えた父親は、子供に社長を譲り、自らは代表権のある取締役会長となります。

ただし、自社株については、業績が低迷しているため、株価が更に下がることを見込んだ顧問税理士の助言に従い、会長となった父親が所有したままでした。

実質的な「院政」に

社長を交代したと言っても、代表権のある取締役会長に留まっていたため、父親の発言力は強いままでした。口では社長に任せたと言いながら、客数回復に向けたキャンペーンとして大幅なクーポン値引きを会長である父親主導で実施します。

この大幅値引きが決定打となり、赤字は更に拡大します。社内からは大幅値引きを疑問視する声もあがりますが、カリスマ的存在である会長が決めたことなら仕方がないというムードが漂い、社長もこれを止めることが出来ませんでした。

会長、社長の元々のキャラクターの違いに加え、株式の大半を会長が所有した状況下では、社長としても強くは言えず、社長交代後も父親の意向が通る実質的な院政体制が敷かれていました。

子供も早々の引退に

結局、このキャンペーンは2年半も続きます。その間、クーポン利用の客は増えたものの、G社が本来大切にすべきだった常連客からの支持・信頼を失ってしまいます。

赤字脱却のシナリオが見えず、財務体質が大きく悪化したところで、メインバンクから強いプレッシャーを受けます。父親である会長は完全退任となり、社長に就いたばかりの子供も取締役会長となります。社長就任からわずか3年で「上がり」の役職に追いやられたわけです。

父親としては子供への承継を以前から考えており、実行したわけですが、自らの経営判断の失敗により、新社長は親族外の役員が引継ぐことになる等、事業承継計画が根底から覆ることになりました。

図表 2-5 ◆G社の顛末

当初の狙い

✓業績の長期低迷を理由に、子供に社長を承継させ、父親は代表取締役会長となる。

✓株価は下落傾向のため、自社株は父親が所有したままにした。

盲点

✓社長交代後も、大株主で代表権もある父親の発言力は強く、父親主導の大幅値引きを行うが逆効果となり、かつてない赤字となる。

結果

✓経営責任をとることになり、社長になったばかりの子供も会長に退くことになる。

✓社長は親族外の役員が引き継ぐことになり、事業承継計画が根底から覆ってしまった。

5 親子承継が招いた悲劇（その3）

H社は耐久消費財を販売する上場企業です。上場していても、実質的にはオーナー企業という会社は少なくありません。H社もその一社で、上場後の事業承継では親子承継を選択されました。

ただし、これまで説明した親子承継事例と違う点としては、自社株承継については上場したことにより完了しているため、「社長の承継」のみが論点となります。

両雄並び立たず

H社は父親が創業した会社でしたが、国内市場の縮小や新興企業の台頭により、長らく構造的な業績不振に陥っていました。その状況を打破するため、社長を子供に交代し、父親は会長に退く等の経営体制の改革を進めました。

しかしながら、一時的に業績は回復したものの、下降トレンドから抜け出すには至りませんでした。業績的に厳しい環境が続く中、より大幅な事業構造転換を図ろうとする社長と、従来路線の中での改革を進めようとする会長とで経営方針が対立していき、どちらが経営権を握るかの争いとなります。

外部を巻き込んだ争いに発展

上場により両者の株式所有割合が高くなかったため、経営権を巡る親子の争いは、機関投資家などの他株主から、どちらが信任を受けるかの委任状争奪合戦に発展します。この争いはテレビや新聞等でもニュースとして取上げられたため、H社の企業イメージを大きく損なうことになりました。

また、結果としては子供側が勝利しますが、機関投資家等から信任を受けるために安定的な配当を実施することを約束したことが、後々経営上の大きな負担となっていきます。

過去最大の赤字を計上

勝利した子供は、社長として事業構造転換を進めて行きますが、元々の業績下降トレンドに、騒動での企業イメージダウンによる売上減少や事業構造転換に伴う損失計上が加わり、H社としては過去最大の赤字を計上することになります。

大幅赤字は一期だけでは収まらず、資金的にもぎりぎりの状態に陥りますが、社長が株主に約束した配当は支払い続けていました。業績がこれだけ悪化している最中で、多額の配当を支払うことは、通常考えられることではありません。

迷走する事業再生

一時的ではない大幅赤字は、先ずは出血を止めるために大胆なリストラを行うことが鉄則中の鉄則ですが、社長にそこまでの経営者としての胆力がありません。そうした経営者は根拠のない売上回復に望みをかけます。そして、ちまちまとした投資を行い、自ら首を絞めて行きます。民事再生等の「墓場」に至る（至りそうな）企業をこれまで何社も見てきましたが、どの企業もそうした傾向がありました。

H社もそのような迷走状態にあり、業績不振から抜け出せずにいます。資金繰り悪化から過去資産の切崩し、異業種との資本提携等、末期的な状況にありますが、それなりのブランドイメージはまだある企業なので何とか復活してくれることを期待しています。

図表 2-6 ◆H社の顛末

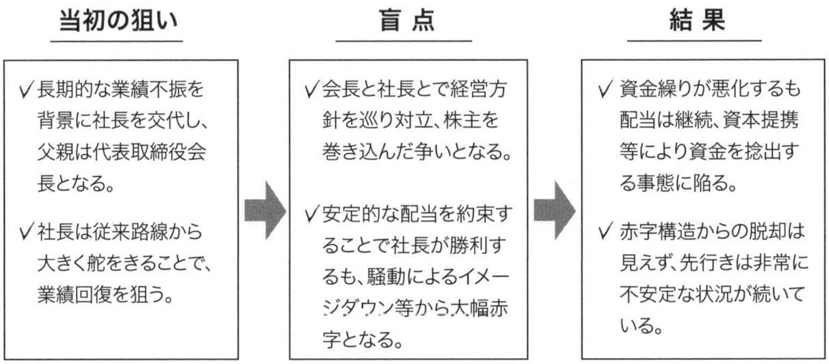

当初の狙い		盲点		結果
✓長期的な業績不振を背景に社長を交代し、父親は代表取締役会長となる。 ✓社長は従来路線から大きく舵をきることで、業績回復を狙う。	➡	✓会長と社長とで経営方針を巡り対立、株主を巻き込んだ争いとなる。 ✓安定的な配当を約束することで社長が勝利するも、騒動によるイメージダウン等から大幅赤字となる。	➡	✓資金繰りが悪化するも配当は継続、資本提携等により資金を捻出する事態に陥る。 ✓赤字構造からの脱却は見えず、先行きは非常に不安定な状況が続いている。

上場しても終わらない自社株承継の悲劇

Ｉ社は専門商社で、二代目社長の時に上場を果たしました。上場した背景としては、同業他社は既に上場している先が多かったこと等、Ｉ社としては事業面からの判断でした。

証券会社任せで甘くなった資本政策

自社株対策から上場を目指す場合もありますが、Ｉ社は事業面の理由からであったため、上場に向けた資本政策を証券会社主導で行ってしまい、自社株対策という観点からは大きな問題が２つありました。

１つは資産管理会社の作り込みが甘くなった点です。１章で説明したとおり、資産管理会社の活用は自社株対策で良くある方法ですが、株式保有特定会社に該当しないようにする必要があります。しかしながら、Ｉ社の創業家の資産管理会社は、単純にＩ社の株式を所有しているだけで、完全に株式保有特定会社に該当する状況でした。また、資産管理会社で所有するＩ社株式の割合もさほど高くなく、資産管理会社の節税上のメリットは殆ど得られない状況でした。

もう１つの問題は、投資ファンドからの出資を受け入れたことにより創業者利潤が小さくなってしまったことです。上場に向けた資本政策で投資ファンド等から出資を受けることがあります。これは上場迄に資金が必要であったり、上場後の安定株主対策のためであったりします。

Ｉ社の場合、目的・効果が曖昧なまま、証券会社の薦めに従って出資を受け入れたのですが、特に資金需要があったわけでもなく、また、上場後に保有し続けて安定株主になることもなく、全く意味がない出資受入となってしまいました。言われるがまま、出資を受け入れたことで、上場時の創業者利潤が小さくなっただけでした。

創業者利潤だけでは納税資金をカバーできない事態に

加えて、これは良いことですが、上場後も業績が好調であったため、株価は値上がりして行きました。上場したことで創業家が所有する株式価値は、非上場時の相続税評価額よりも遥かに高いものになってしまったのです。

そのため、創業社長が得た上場時の創業者利潤だけでは、二代目社長への自社株承継時に、相続税の納税資金が確保できない状況になってしまいました。ここでも資本政策の甘さがあったと言わざるを得ません。

上場すると自社株対策の打ち手は狭まる

非上場企業であれば、退職金の支払い等により、意図的に利益を圧縮して株価を引下げたり、早期に後継者に株式を移動させたり等、様々な対応策を打つことができます。

しかし、上場企業となると、業績が開示され投資家はそれを基に株式を売買しますので、相続税対策のために利益を圧縮することは到底できません。また、後継者への自社株承継についても、自分自身が取締役に在任している間は、経営者の倫理観として株式を手放し難い面があります。結局、上場してしまうと、自社株を資金化しやすいというメリットはあるものの、自社株対策の打ち手は逆に狭まってしまいます。

会社と創業家との温度差

二代目社長への自社株承継から10年程経過し、I社が次に頭を悩ましているのは三代目への自社株承継です。

I社の場合、二代目の後継社長にはプロパーの役員を指名しました。これは三代目がまだ年齢的に若かったためです。今後のサクセッションプラン（後継者育成計画）としては、三代目が社長を引継ぐ予定ですが上場企業であるため確定ではありません。

その様な社長後継者が完全には確定していない状況下で、自社株承継を三代目に進めて行く上では、会社側と創業家側とで微妙な温度差も生まれてきます。

会社側としては、創業家は安定株主であり、安定株主としてそれなりの議決権比率を保有することを望みます。そして、それを条件にというわけでありませんが、創業家から社長を出すことについても理解を示します。

一方、創業家側としては、相続税対策の観点から徐々に株式を売却して資金化したい意向があります。また、せっかく自身が苦労して創業、拡大してきた会社ですから、上場したとは言え、子供に継ぐ意思があるのであれば継がせたいと考えます。

この温度差は、上場したオーナー企業が「公器」としての会社に脱皮していく過程で必ず味わうものですが、非上場企業の自社株対策にはない、上場企業ならではの悩みと言えます。

図表 2-7 ◆ I 社の顛末

当初の狙い	盲 点	結 果
✓ 主として事業面からの目的より、上場を決意し、見事に達成する。	✓ 証券会社主導で進めたことで資本政策が甘くなり、自社株対策が不十分となる。 ✓ 株価上昇により、創業者利潤だけでは納税資金が不十分となる。	✓ 相続税の悩みは上場しても解決せず、むしろ非上場時より打ち手が狭まってしまった。 ✓ 創業家と会社とで事業承継に対する考え方が微妙に異なってきた。

リスクの類型化①「誰に」が甘かった

自社株を「誰に」所有させるかは重要な問題です。D社およびE社の事例は、この「誰に」が甘かったことにより問題が生じました。また、親子承継の事例として紹介したF社、G社、H社の３社についても、広い意味で当て嵌まると思います。

D社の問題点

D社が行った配当還元価額で役員・社員等に自社株を譲渡する方法は、当時は一般的に良くある自社株対策でしたし、現在でも一定割合までなら有効な手段と言えます。従って、この対策自体が即問題であったとは言い切れません。

問題であったのは、相続税対策を重視するあまり「社長後継者を決めないまま、自社株を移動させていった」ことにあると思います。

創業家は途中から経営に関与しなくなりますが、役員・社員から社長後継者を選ぶという方針は明確にはなかったそうです。そのため、創業家最後の経営者が退陣する時は、一先ずということで創業家以外の役員では最高位であった専務が社長に就任しました。因みにＯＢ役員の１人はこの方です。

中心的な株主がいないことがフィクサーを生みだす

自社株を分散させ、更にその後の相続も野放しにすることで、Ｄ

社の株主構成上、本来の意味での中心的な株主がいなくなります。

創業家系の株主は、税務上のグループとしては30％以上を所有していますが、個々に見れば相続によって少数の株式を取得した人ばかりで、相続税の支払いで大変な思いをした一部の株主を除けば、出資の痛みは知りません。毎年一定額の配当を得られれば十分で、会社経営には無関心という方が大半でした。

一方、ＯＢ役員はそれぞれ10％程度の自社株を所有していましたが、配当還元価額で安く購入したものであり、やはり出資の痛みは知りません。会社の事を真剣に思う株主としては、議決権割合的にも、出資の痛み的にも不足しています。

このように公式なパワーが分散した状態では、非公式なパワー、つまり人間関係を利用するフィクサーが生まれます。Ｄ社の場合はＯＢ役員の２人でした。フィクサーも使いようではありますが、フィクサーの立場を危うくすることに対しては、あの手この手で妨害をしてきます。

現社長が経営統合の方針を固めた際も、総論としては賛成だったのですが、共同持株会社方式により株主構成が大きく変化すると分かると、各論での反対に加え、創業家系株主へのネガティブキャンペーンや経営統合交渉先との内通などさまざまな妨害策を打ち出し、最後は現社長も自身の身を案ずる事態となり、経営統合を断念しました。

会社も人の集まりである以上、人間関係がある程度幅を利かせるのは仕方がないと思いますが、フィクサーが暗躍する事態にまで放置してしまうことは、大きなリスクがあります。株式会社として、最後は資本の論理が通るようにしておくことが必要です。

E社の問題点

E社の事例は事業承継ではありませんが、親族以外への事業承継が増えている昨今では、参考になるところがあると思います。

E社の問題点は2つあります。1つは財務健全化のために出来るだけ高値で売却したいという意向から、「スピンアウト後の経営について軽視されてしまった」ことです。もっとも、この点については、売却後のことまで心配しなかったのは、本事例としては仕方がなかったかもしれません。

もう1つの問題は、「所有と経営の分離が不明確であった」ことです。ベンチャーキャピタル3社で過半数を所有する一方で、売却元の親会社グループも相当の割合を所有していました。なぜこの様な株主構成としたのかは定かではありませんが、CEOからすると、自分自身が殆ど株式を所有していなくても、元々の出身母体が多額の出資していることで一種の安心感、もっと言ってしまえば、所有と経営が一致している錯覚を起こしたのではないかと思います。

非上場企業であっても、所有と経営を分離することは選択肢として考えられますが、その場合には、所有側も、経営側も明確に意識しておくことが必要だと思います。

MBO時の投資ファンドの選び方

親族以外への事業承継については6章で詳しく説明しますが、後継者がオーナー家から自社株を取得する手段として、MBO（Management Buyout）と呼ばれる手法をとることがあります。その際、投資ファンドから出資を受けることも考えられますが、CEOとベンチャーキャピタルとの対立のようなことが起きるリスクがあります。

そのリスクを低減するためには、投資ファンドを選ぶ際に出来るだけ多くの先と話をし、担当者レベルで気の合う先を選ぶようにすべきです。E社でCEOと対立したベンチャーキャピタルは日本でも有数の大手です。大手なら安心と会社名だけで判断することは危険です。

また、出資を受ける際に通常は契約を締結しますが、その契約内容を良く確認し、自分達の意向もしっかりと反映できるようにすべきです。そのためにはコストがかかっても、弁護士に契約書のチェックや契約内容の交渉を依頼すべきです。投資ファンドと長い付き合いになれば、いずれは担当者が変わります。そのためにも契約書として明確にしておくことが重要です。

親子承継の難しさ

F社、G社、H社の３社については、子供に承継させるという点では後継者は明確でした。しかし、本当に子供への承継で良かったのか？という疑問が残ります。

３社に共通して言えることは、業績が厳しい、厳しくなりそうという言わば逆風の状況にあったことです。やや乱暴な言い方になりますが、平時であれば社長は誰でも務まります。社員から見て、うちの社長は何をやっているのだろう？と感じる会社は、ある意味で幸せな会社です。しかし、逆風下ではそういはいきません。社長には確かな経営力が求められます。

３社の後継者は、経営者として致命的な欠陥を抱えていたわけではありません。しかし、コンサルティングを通じて感じたことを率直に言えば、優秀な経営者ではなかったです。

平時であればオーナー家としての威光を示すことで、十分に社長を全うできたと思いますが、緊急時に社長を務めるには役不足でした。自社が置かれている厳しい状況を良く理解し、子供ではなく、より最適な人材に社長を委ねる決断をすべきだったのかもしれません。

或いは平時か緊急時かというタイミングの問題として捉えるならば、子供に社長を任せた時期が悪かったとも言えます。これは、次のリスク類型とも深く関係します。

8 リスクの類型化②「いつに」が甘かった

前項の最後に記載したとおり、親子承継を行ったＦ社、Ｇ社、Ｈ社はタイミング、つまり「いつに」承継するかが問題であったとも言えます。オーナー企業として承継することが前提なのであれば、「いつに」について慎重な検討が必要です。

Ｆ社の問題点

Ｆ社の問題はスズキ、つまり「主要取引先の動向を無視して事業承継を進めた」点にあります。Ｆ社は売上高の大半をスズキに依存していました。このように特定の取引先に依存している中堅・中小企業は多いと思います。その場合、当然ながら自社の業績は、特定の取引先次第で大きく変動します。

当時スズキは、アメリカのゼネラルモーターズ（ＧＭ）と資本提携関係にありました。ＧＭは業績不振から財務体質が悪化しており、この事は各種報道から明らかでした。スズキ自体の業績は問題なかったですが、資本提携先のＧＭの財務体質悪化が、何かしらの形でスズキにも影響を及ぼすリスクは十分に考えられました。

そのような不透明な状況下で、社長交代を進めたのはタイミングとしてはやはり間違っていたと思います。ましてや業績が落ち込み始めていたわけですから、もっと慎重に判断すべきでした。

自社株承継を先行するリスク

「いつに」のタイミングには、「自社株」をいつ移動させるか、「社長」をいつバトンタッチするかの２つの意味があります。Ｆ社の場合は、ほぼ同時期でしたが、順番としては先ず自社株を移動させ、その後で社長交代でした。

自社株を先行して移動させることは良くありますが、後継者の経営能力を実際に判断できない内に、後継者に経営権が渡ってしまうリスクがあります。

Ｆ社の場合は、後継者が退社したため、移動させた自社株を買い戻す事態がその後発生しました。無駄に自社株を移動させたことで、各種税金を含め余計なコストがかかりました。

ただし、Ｆ社の事例はまだ良い方で、経営能力のない後継者が大株主であることからそのまま居座ることもあり得ます。そうなると、最悪には会社の倒産といった事態まで考えられます。

Ｇ社の問題点

Ｇ社は長らく業績が低迷しており、赤字に転落して、赤字幅が拡大してからの社長交代でした。この場合、父親の経営能力に問題があったことは明らかであり、「遅すぎた社長交代」が問題と言えます。

赤字の拡大局面は最も難しい緊急時の一つです。人員削減を含めた大胆な事業構造転換を進める一方で、次の成長の芽を探し出さなければなりません。そうした緊急時を乗り越えられる経営者はそうはいません。

従って、そうなる前に手を打つことが肝心なのですが、業界でも著名人であった父親は社内からの信任も厚く、大株主であったため株主からのプレッシャーもありませんでした。そのため、長年に亘る放漫経営を許してしまったわけです。

自社株承継を遅らせるリスク

Ｇ社の場合、社長交代後も自社株は父親が所有したままでした。加えて、完全退任ではなく、代表取締役会長の座に就いていました。

このような事業承継の形式も一般的によくあるものですが、後継者が先代経営者に遠慮し、経営者としての自覚が十分に芽生えないリスクがあります。場合によっては「院政」として、引続き先代経営者が事実上の権力を握ってしまうこともあり得ます。

Ｇ社も多分にそのような状況にありました。会長に退いた後も、父親の役員報酬は社長時代と同じままでした。また、情報収集と称して海外出張を繰返し、自分と仲の良い人を顧問等として不相応な報酬を支払っていました。そうした状況を、子供である社長は問題視しても、実際に止めることは出来ませんでした。

Ｈ社の問題点

Ｈ社では社長交代後も、父親が代表取締役会長として経営に関与します。そして、約５年後に騒動が明るみに出ます。Ｈ社の問題は社長交代後の「長すぎた二人三脚」にあると思います。

一般的なオーナー企業の場合、事業承継後も先代経営者が会長として後継社長を補佐することは良くあることです。しかし、Ｈ社は父親が社長の時代から業績が悪化していましたので、社長交代時に引責辞任という形で父親は取締役を降りるべきだったと思います。Ｈ社は上場企業ということを考えれば尚更です。

実際には代表取締役会長として留まったことで、自分自身もまだ一線の経営者という感覚から抜け出せず、後継社長と経営方針が対立して、外部を巻き込んだ争いへと発展してしまいました。後継社長の経営能力にも問題があったのかもしれませんが、あの騒動がなければここまでの窮地には追い込まれなかったのではと思います。

自社株承継を分散させるリスク

H社は上場していましたので、自社株は当然ながら分散しています。その事が株主を巻き込んだ騒動になり、マスコミから叩かれる要因にもなりました。正に上場していたが故の悲劇と言えますが、非上場のオーナー企業であっても同様のリスクはあります。

他の親族や従業員持株会等に自社株を分散させ、親子の何れも単独では経営権を掌握できない状況であれば、同じように委任状争奪合戦が始まります。特に従業員持株会の株式所有割合が高い場合には、従業員を「公式な派閥争い」に巻き込むことになり、騒動後には粛清人事や優秀な人材の退社などが起き、社内ダメージは相当なものとなります。

実際、H社で象徴的なシーンを目撃したことがあります。自社の商品とライバル企業の商品とを比較分析されていたのですが、ライバル企業の商品から学ぼうとする姿勢は乏しく、自社商品がいかに優れているかを自画自賛するばかりでした。一見すると和気藹々としていますが、社長のイエスマンばかりが残っていると感じました。

そもそも比較分析しているライバル企業と、H社が戦う土俵は違うのではないか、そんな苦言を呈する者は誰一人おらず、騒動後の社内はある意味では平穏な空気が漂っていました。

9 リスクの類型化③「どの様に」が甘かった

最後のリスク類型は自社株を「どの様に」渡すかです。「誰に」、「いつに」が的確であっても、「どの様に」渡すかによって失敗となるリスクがあります。また、逆の言い方をすると、「どの様に」渡すかを工夫することで、「誰に」や「いつに」が多少甘くてもカバーすることが出来ます。

I社の問題点

事業面の理由から上場したI社ですが、上場すること自体は自社株対策として間違いというわけではありません。また、上場時期や自社株を後継者に移動させていくタイミング、社長交代時期についても特に問題はありません。「誰に」、「いつに」という観点からは、I社の事業承継は妥当な判断であったと言えます。

I社の問題点は、「オーナー家の資産管理会社を始めとする上場後の相続税対策の検討が不十分」のまま上場したことにあります。資本政策を証券会社任せにしてしまったことが根本的な要因です。

自社株対策として上場することのリスク

事業承継を支援する税理士法人や金融機関、コンサルティング会社の中には、上場することが自社株対策になると謳っている先が少なくありません。確かに上場すれば自社株を資金化しやすくなりますので、納税資金確保という観点からは嘘ではありません。しかし、それだけの理由で上場が自社株対策になると謳うのは少々不親切だと思います。

昔に比べれば上場すること自体のハードルは下がりました。上場企業と言えば大企業をイメージしますが、実際には売上高が100億円程度の会社もたくさんあります。企業規模だけで言えば、上場することは決して夢絵空事ではなくなっています。

しかしながら、上場後の締付けは逆に厳しくなっており、連結ベースでの四半期決算開示やJ-SOX、最近ではコーポレートガバナンス・コードといった新たな制度もスタートし、上場の費用対効果は悪くなっています。自社株対策という理由から上場することは、割が合わなくなってきています。

また、上場後の自社株に関するリスクとしては大きく2つあります。1つは上場により株価が上昇すること、もう1つは議決権に関することです。I社の場合は、株価が上昇したことで相続財産の価値が非上場時よりも高額になり、納税資金確保に苦慮することになりました。

議決権のリスクについては、例えば株主総会の定足数確保、特別決議時の可決要件確保のための安定株主対策は、上場企業であれば必ず気にしていることです。更には、敵対的買収を仕掛けられるリスクや、アクティビスト（いわゆる物言う株主）に狙われるリスクもあります。

上場することを否定するわけではありませんが、本当に上場すべきかどうかを真剣に検討し、上場を目指す際には資本政策が重要であることを強く意識される必要があります。

D社の問題点

D社は「誰に」に問題があるとしましたが、役員・社員に自社株を渡すという大きな方向性自体は良くあることです。後継社長を明確に決めないまま、自社株だけを分散して行ったことに問題があったわけですが渡し方を工夫することで、後々生じたリスクを回避できた可能性があります。

D社の問題点は、「どの様に」の観点からは、「役員・社員に直接所有させた」ことにあります。役員・社員に自社株を渡すにしても、持株会を組成し、会社を退職する際には自社株を返すルールにしておけば、ＯＢ役員がフィクサーとして幅を利かす事態は避けられたはずです。

また、創業家系の株主についても、それぞれの相続によって自社株が分散していくわけですが、創業家が経営に関与しなくなった時点で、会社が自己株式として買取る等の対応を進め、現経営陣に自社株の権利を集中させていくことも考えられました。何れにしても、そうした対策を全く検討せず、野放しのまま自社株が分散していったことが、D社の大きな過ちでした。

自社株を「直接」「そのまま」渡すことのリスク

親族であれ、役員・社員であれ、自社株を普通株式のまま直接所有として渡すことには大きく２つのリスクがあります。

その内、最も留意すべきリスクは議決権行使です。D社の場合、現経営陣等が所有する株式だけでは普通決議でさえ可決することが出来ず、その結果ＯＢ役員の存在感が大きくなります。これは党単独では過半数を取れない連立政権の構造に良く似ています。現在であれば、種類株式を活用して議決権を制限する等の対応をとることにより、議決権行使リスクに対応することが可能です。

もう1つのリスクは、自社株を手放してくれないリスクです。株式を売却するか否かは、基本的には株主の自由意思です。従って、分散する株式を買い集めたいと思っても、株主が売却に応じなければ実現できません。また、売却自体には合意しても、価格交渉で折り合いがつかないこともあります。これについては、株主側から譲渡意向が出た場合にも起こり得る問題です。

この手放してくれないリスクは中々厄介な問題であり、株主と敵対関係にまで悪化すると、1章で説明した少数株主権利を利用して経営の妨害をしてくることも考えられます。そのため、法整備も徐々に進んでおり、現在は株式を強制的に取得するためのスクイーズアウトの手法が幾つかあります。但し、そうした手法を実施することには、やはり労力を要しますので、持株会の組成等の事前対応を重視すべきです。

［コラム］

対策を怠った悲劇

20年近く事業承継支援のコンサルティングをしている中で、一度だけ「先代経営者が死んだがどうすれば良いか？」という完全に事後的なご相談を受けたことがあります。

◉出来ることは金融支援のみ

残念ながら相続が発生してしまうと、この後の章で説明するような対策の多くは「時既に遅し」となります。現在であれば事業承継税制の活用等も考えられますが、当時はそういった制度も未整備であったため、出来ることは金融支援だけでした。

なお、この会社は老舗の食品メーカーで、名前を聞けば誰もが知っているような有名企業です。そして、これまで何代も相続を経験されており、正直言ってこれだけの会社がなぜ対策を怠っていたのか、非常に不思議に思いました。

◉要調達資金は数十億円

具体的な数字を記載することはできませんが、老舗企業で業績も好調であった自社株の株価は非常に高く、また、不動産等の個人財産もあったため相続税は高額でした。

加えて、「一子相伝」を事業承継の基本方針とされてきたため、自社株は全て社長一人に相続させ、他の兄弟へは代償金を支払うことにより、遺産分割は公平にしたいとのことでした。

これら相続税と代償金等の合計額は数十億円にも及び、それだけの資金をどう調達するのかが課題となりました。最悪の場合は、自社株を物納することもあり得る状況でした。

◉成長戦略にも悪影響

個人で数十億円を借入することは無理であるため、結局は会社が銀行から借入をして、社長から一定数の自社株を買取ることになりました。何とか物納は回避できたわけですが、予定外の借入を背負う羽目となり海外事業やコンシューマ事業等、当時描いていた成長戦略は見直しすることになりました。

融資交渉の際、銀行の方が「本来、銀行の役目は事業資金を融資するのであって、株式買取り資金を融資することではない」と言って難色を示されたのですが、正にそのとおりだと思います。自社株買いに要した数十億円の資金は右から左に流れるだけで、事業上は何のプラスにもなりません。

◉オーナー企業には良い「番頭」が必要

この会社の場合、せめて２年前から対策をしていれば、相続税や代償金等の合計額は１／３以下にすることが出来ました。対策を怠った「付け」は非常に大きかったわけです。その点について、担当者であった管理系の取締役は、「オーナー家のことであり、自分が対処する問題ではない」「手を打ち始めた矢先に死亡してしまった」等の言い訳をされていました。確かに相続はプライベートなことであり、周囲の人間が口出しし難い問題です。また、本件の場合でも、一番の責任は当事者の社長にあることは間違いありません。

しかしながら、いざ問題が発生すると、結局は会社が貧乏くじを引くことになります。そうならないよう、オーナー家にとっては少し口うるさく感じるような良い「番頭」が必要なのだと思います。この会社の本当の悲劇は、良い番頭を育ててこなかったことかもしれません。

第3章

「自社株」を誰に承継するのか

「自社株」と「社長」は別々の人物にも承継できる。
ベストな人選のための検討事項を
押さえることは必須

1 所有と経営の分離

本章では、２章で類型化したリスク『「誰に」が甘かった』について考察します。この「誰に」を正しく検討するためには、次の２つの質問を明確に分けて考えることが必要です。

- 「誰に」自社株を承継するのか？
- 「誰に」社長を承継するのか？

そして、それぞれの質問に対する答えを出す上で、既成概念に縛られないよう、意識的に視野を広げることがポイントになります。

株式会社が個人事業主と大きく違う点

日本の中小・中堅企業の大半はオーナー企業です。そのため、冒頭に示した「誰に」自社株を承継するのか？「誰に」社長を承継するのか？の２つの質問は、同じ「誰に」という回答になりがちです。

しかしながら、株式会社が最も発明的であった点は、所有と経営とを分離できる、すなわち株主と社長とは切り離して、別々の人が担うことができる点にあります。これは個人事業主とは大きく異なる点です。意識的に視野を広げてみる第一歩目は、自社にも所有と経営の分離が考えられるのか？ここから始まります。

資産管理会社を活用した所有と経営の分離

そうは言っても所有と経営の分離ができるのは、ある程度大きな

図表 3-1 ◆ 事業承継の視野を広げる初めの一歩

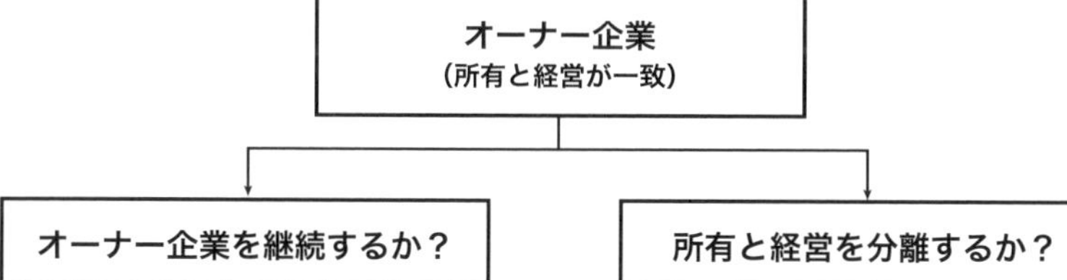

企業だけだろうと考えられるかもしれません。これからご紹介するのは、年商約５億円の会社に対して、実際にコンサルティングとして事業承継の支援を行った事例です。

Ｊ社は都内に店舗を構える老舗料理屋で、現社長になってからフランチャイズに加盟してコーヒーショップを始めるなど、事業の多角化を進めてきました。現社長の子供は３姉妹で内２人が会社経営に関わっていましたが、何れも社長として会社を率いる意欲はありませんでした。

そうした中、現社長は社長後継者を従業員の中から選ぶことを決意しますが、３姉妹に生活の不自由はさせたくないこと、先祖代々受け継いできた店舗の土地･建物は他人には渡したくないことから、図表3-2のように持株会社を用いた所有と経営の分離を進めることになりました。

会社分割という手法を用いてＪ社の下にＪＪ社を新設し、老舗料理屋の事業はＪＪ社に引き継ぎました。ＪＪ社の社長は従業員の中から任命しますが、ＪＪ社の株式はＪ社が100％所有しています。つまりオーナー家がＪ社を通じてＪＪ社株式を100％間接所有している状況となり、所有と経営が分離します。

Ｊ社はＪＪ社から受け取る不動産賃貸料や配当金を原資にして、

図表 3-2 ◆ 会社分割による持株会社体制への移行

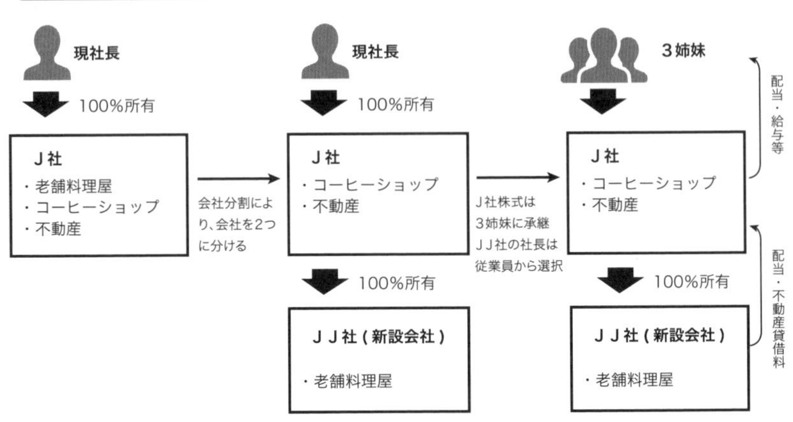

3姉妹へ配当金や給与等を支払うことができます。なお、3姉妹の意向により、コーヒーショップは持株会社であるＪ社に残しましたが、ＪＪ社は100%子会社であるため、将来的に移管することも比較的簡単に可能です。この事例のようなスキームのメリット、デメリットは以下のようにまとめられます。

メリット	◎不動産を相続財産として承継する場合に比べ、利益配分が配当や給与等であるため柔軟に行いやすい。 ◎ＪＪ社の株式が間接所有となるため、相続税対策として有効である。 ◎社長後継者は、自社株の相続等の面倒を気にすることなく経営に集中できる。
デメリット	◎事業を引き継ぐ新設会社に許認可等が必要な場合、予め準備会社を設立して許認可等を取得しておくことが必要となる。 ◎将来的にオーナー一家と社長後継者との仲違いが生じた場合、新たな経営者の獲得や資本関係の解消等の対応が必要となる。

2 事業を「誰に」託すかの盲点とは

所有と経営の分離を意識してみるだけでも事業承継の可能性は大きく広がりますが、実際に事業承継の相談を受けていると、より根本的な既成概念に縛られ、近視眼的な選択肢しか考えられていないと感じることが良くあります。

会社の継続が前提となっている

相談を受ける十中八九は会社の継続が前提となっています。事業承継なのだから当然と思われるかもしれませんが、会社の「器」や「社名」の存続に捉われ過ぎていると感じることも少なくありません。

ご自身が創業ないし成長・拡大してきた会社ですから、そうした想いは十分理解できますが、大切なことは会社の「器(法人格)」や「社名」を残すことでしょうか？本来的にはもっと「事業」をどうしたいか？を考えるべきだと思います。

会社ではなく「事業」を中心に考えれば、事業売却や会社清算などの選択肢も視野に入ります。実際に事業売却をされた元オーナー社長から伺った話ですが、売却当初は正直言って寂しい気持ちがあったそうです。しかしその後、売却先の会社が成長していく姿や、元社員達が生き生きと働いている姿を見て、売却して良かった、自分が創業した事業は別の会社の中で生き残っているのだと考えるようになったそうです。

もちろん、事業売却がすべてハッピーなシナリオになるとは限りませんが、選択肢として真剣に検討してみることは、自社を見つめ直す良いきっかけになります。結果として、事業売却以外の選択肢を選んだとしても、決して無駄にはならない筈です。

承継後の自分自身が明確になっていない

「事業承継後、社長はどうするおつもりですか？」コンサルタントはこんな聞きにくい質問もストレートにしますが、意表を突かれるのか、大抵は明快な回答は返ってきません。中には「どうしたら良いと思いますか？」と逆質問をされる社長もいます。

オーナー企業の経営は本当に大変です。普通のサラリーマンでも人生に占める仕事のウェイトは高いわけですが、オーナー社長のそれは比ではありません。正に人生そのものという方が多いです。そのため、事業承継後も何かしら会社経営に関わっている、要は現状とあまり変わらない程度のイメージしか持っていない場合が多いように思います。

こうした自分自身のビジョンが明確でないことは、無意識のうちに選択肢を狭めます。すなわち、現状延長線的な選択肢しか思い浮かばず、先に説明した事業売却や会社清算はもちろんのこと、後継者選びも保守的な、ある意味ではコントロールし易い人物を選ぶ傾向にあります。

また、承継後に後継世代との軋轢を生む原因にもなりかねません。後継者からすれば経営は既にバトンタッチされたと考えているのに、一線を退いたはずの元社長から何かとうるさいことを言われる、そのような会社はこれまで数多く見てきました。それが良い緊張感をもたらしている場合もあれば、二重政治のようになっている場合もありました。承継後に自分自身が何をしたいのか、特に会社とはどう関わっていくのか、この点については社長自身が決める必要があります。

後継者候補を自分自身と比較してしまう

筆者が事業承継のコンサルティングを開始した頃、つまり20年程前は後継者については子供に継がせるなど、大枠は決まっている中での相談が多かったのですが、近年は「後継者がいないがどうすれば良いか？」から相談を受けるケースが増えています。

その背景には、分かりやすい親族内承継が減っている事実があります。図表3-3は、経営者の在任期間別の現経営者と先代経営者との関係を示したものですが、縦軸の経営者の在任期間が短い、つまり最近に承継を行った会社ほど、「社外の第三者」や「親族以外の役員・従業員」が承継している割合が高いことが分かります。5年未満に限ってみれば、実に65％以上の企業が、親族以外への承継を選択しています。

図表 3-3 ◆ 経営者の在任期間別の現経営者と先代経営者との関係

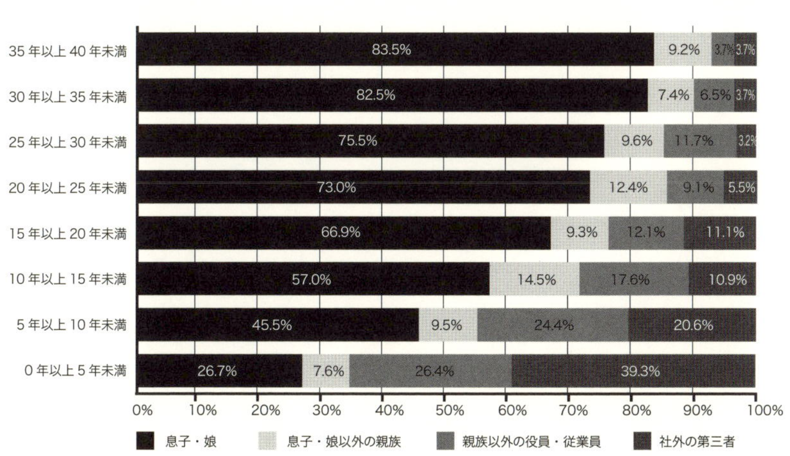

自分の子供であれば多少目を瞑ってもというところが、親族以外から選ぶとなるとシビアに見ざるを得なくなり、後継者がいないという相談に繋がっているものと考えられます。

一方で、そうした後継者がいない、物足りないといった悩みを抱えている会社は、共通する袋小路に迷い込んでいる場合が多いように感じます。それは、現社長と比肩し得る、極端に言えば、武道の免許皆伝のようなイメージで後継者を求めてしまっていることです。

中小企業における社長への依存度は大きく、ノウハウ、人脈、社内の求心力など、あらゆることが社長に集中しがちです。それゆえに、自分の代わりを務められる人材がいないかとなるわけですが、この袋小路から抜け出すためには、自分という特定の誰かがいなくても大丈夫な組織を目指すことです。具体的には、社長から社長にという点のバトンタッチに固執するのではなく、組織・経営システムという「面」での承継を目指すことへ、視野を広げることが必要になります。

図表 3-4 ◆ 点ではなく「面」での承継を目指す

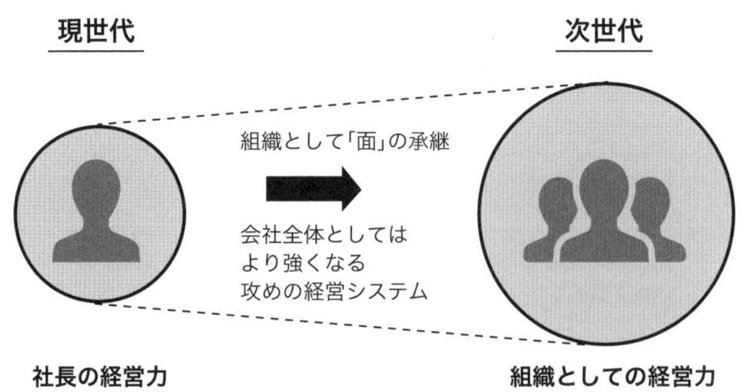

組織として経営する上でのポイントは、役割分担と意思決定構造にあります。役割分担についてはイメージし易いと思います。これまで社長が一手に引き受けていた業務を、例えば営業系はAさんに、技術系はBさんに、管理系はCさんにというように分担していくことです。

それらの内容を組織規程や職務権限規程等の公式なルールとして設定し、ルールに従った運用をしていくことが役割分担です。

意思決定構造も役割分担に似ていますが、これまで社長1人ですべて決めてきたことを、例えば取締役会等の会議体による合議制にする、稟議規程を設けて階層的に意思決定する、権限委譲を行って、社長よりも下の職位で意思決定できるようにする、といったように意思決定する内容の重要度に応じて変えていきます。

もっとも、こうした意思決定構造の変革は、下手をすると中小企業の小回りの良さ、意思決定スピードの速さを阻害しかねません。また、社長からすると自分の頭の中で完結していたことを、社内に説明する必要が出てくるため面倒に感じることも良くあります。そうした副作用を大きくしないためには、合議制や階層的な意思決定は対象を極力絞り、権限委譲の方を重視すべきです。また、意思決定に必要な情報収集や分析、各種資料作成等をサポートする経営企画機能を強化していくことも必要となります。

以上をまとめると、視野が狭くなる理由と本来考えるべき選択肢との関係は図表3-5のようになります。

図表 3-5 ◆ 本来考えるべき選択肢

視野が狭くなる理由		本来考えるべき選択肢
「会社」の存続が前提		「事業」を中心に考え 事業売却や清算も検討
継承後の自分自身が 明確になっていない		自分のビジョンは 社長自身が決める （特に会社との関わり方）
後継者候補を 自分と比べてしまう		特定の誰かに依存しない 組織を構築する

3 自社株対策の検討ステップの全体像

ここまで「誰に」承継するかについて、意識的に視野を広げて考えることの重要性、ポイントについて説明いたしました。この項では、本書のタイトルにもある「自社株対策」の進め方について、検討ステップの全体像を説明します。

図表 3-6 ◆ 自社株対策の検討ステップ全体像

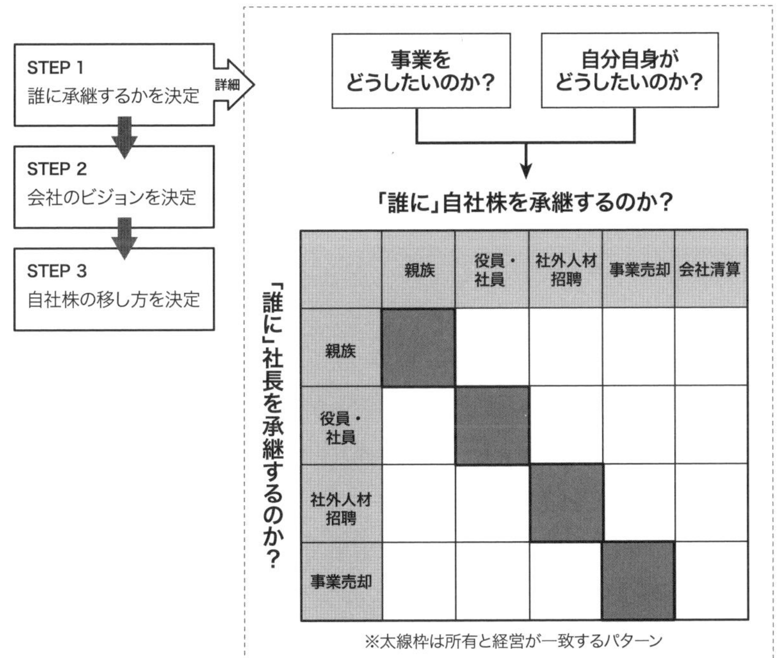

STEP1：誰に承継するかを決定

最初に考えるべきことは「誰に」自社株を承継するのか？「誰に」社長を承継するのか？です。そのためには、会社をどうしたいか？ではなく、事業をどうしたいか？を考えることが必要です。

従って、仮に複数の事業を営んでいるのであれば、それぞれの事業についてどうしたいかを考えることになります。このSTEP1については、本章でこの後詳しく説明いたします。

なお、自分自身がどうしたいのか？についてはプライベートな課題になるため本章での説明は割愛します。会社との関わり方についてのみ、次の4章で説明します。

STEP2：会社のビジョンを決定

「誰に」が決まったら、次に会社のビジョンを決定します。これは社長承継や自社株承継を「いつに」行うかを考察することに繋がります。

詳細は次の4章で説明しますが、このSTEP2をSTEP1で決めた後継者候補と一緒に行うことで、後継者候補として妥当であるかを検証するプロセスにもなります。また、社内外に次の後継者は誰かを暗黙的に示す良い場にもなり得ます。

STEP3：自社株の移し方を決定

「誰に」、「いつに」が決まったら、最後に「どの様に」の移し方を決定します。自社株対策と言うと、このSTEP3に注目が集まりがちで、いきなりSTEP3の考察から入ってしまうケースを多々見て来ました。

そのことの違和感については、本書冒頭の「はじめに」でも申し上げたとおりですが、このSTEP3が決まらなければ自社株対策としては完結しないのも事実ですので、５章及び６章と紙面を割いて説明いたします。

STEP1:
誰に承継するかを決定

事業をどうしたいのか、自分自身がどうしたいのか

STEP1の前段にある「事業をどうしたいのか？」は、質問文どおり、予想（こうなりそう）ではなく、意思（こうしたい）を明確にします。そして、「自分自身がどうしたいのか？」という、もう一つの意思と並行して考察することが重要です。

普通のサラリーマンでも、退職時期が近付いてくれば、退職後の生活や資金のことについて色々と思案します。オーナー社長と違うのは、退職時期が勤務先のルールで決まっていることと、退職後に会社がどうなるかは心配してなくも良いことぐらいです。

図表 3-7 ◆ 会社と個人の関係

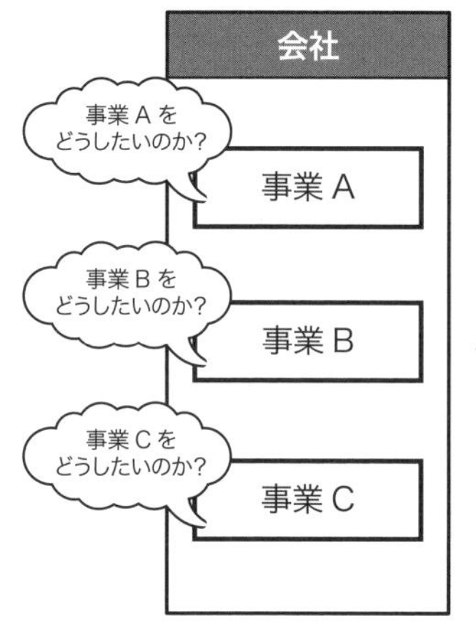

サラリーマンよりも密度濃く会社と関わってきたオーナー社長であればなお一層、事業承継後の自分自身について考えるべきです。

超長期ビジョンを考える

「事業をどうしたいのか？」を考える時間軸は、社長を引退する時期プラス10年程度先、つまり超長期ビジョンを考えることになります。

引退時期については明確には決め難いと思いますし、4章で説明するように外部環境などによって実際には左右されます。従って、この段階では大まかなイメージ、何年後には引退したい、引退しているだろう、という程度で問題ありません。

相談事例としては、5年後～10年後程度を引退時期として想定されている場合が多いので、超長期ビジョンは15年後～20年後位を見据えたものとなります。

図表3-8は、現状から超長期ビジョンへと到達するためのイメージ図です。超長期ビジョンが策定できたら、引退時期、つまり社長を引継ぐ時のあるべき姿へとブレイクダウンします。

この引継時のあるべき姿は現社長にとってはゴール、次世代の経営陣にとってはスタートラインとなります。安心して経営をバトンタッチするためには、各事業がどういう姿になっているべきかを考えます。将来の収益性や成長性に不安がある事業であれば、事業廃止や整理的な売却も選択肢となります。

図表 3-8 ◆ 超長期ビジョンへの到達イメージ

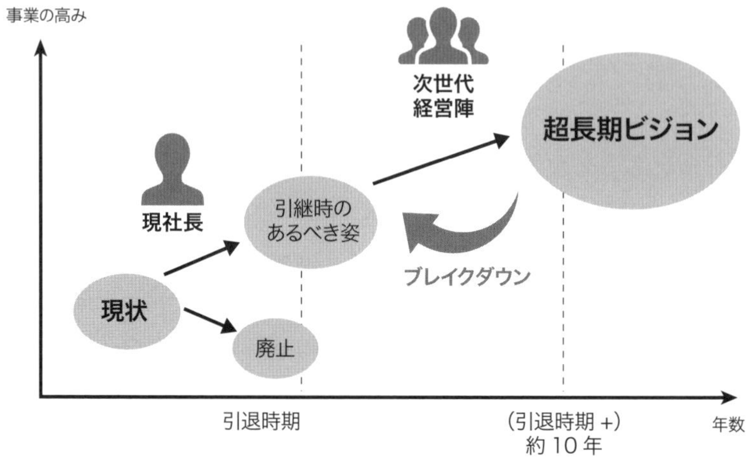

グランドデザインを策定する

超長期ビジョンの検討と並行して、超長期ビジョンを達成するためのグランドデザインを策定します。15 年後～ 20 年後を見据えたものですから、細かさは必要ありません。世の中の大きな潮流（メガ・トレンド）を捉えた全体的な基本構想、それがグランドデザインです。

そうは言っても、実際に超長期ビジョンやグランドデザインをどの様に策定すれば良いか、分かり難いと思いますので、コンサルティングで支援した事例を紹介します。

5 超長期ビジョン・グランドデザインの策定

K社は地方を拠点に小売業を営んでおり、ドラッグストアを中心に、食品スーパー、レンタルショップ（大手フランチャイズ加盟）を複数の県に亘って手広く展開していました。また、これらの店舗を集合させたショッピングセンターの開発も手掛けていました。

超長期ビジョンの検討に際し、社長に先ず投げかけた質問は「これらの事業の目的は何か？」でした。

事業の目的は何か

K社の経営理念は大変立派なものでしたが、抽象的であったため、この質問への回答としては相応しくありませんでした。

そこで、事業の目的、つまり、何のために私たちはこの事業を行っているのか？私たちの存在意義は何かについて、社長とディスカッションを進めて行くと、社長の頭の中でモヤモヤしていた想いが次第に明確になっていきました。

社長から直ぐに出てきたキーワードは「地域社会への貢献」でした。そこを糸口に、どのような貢献をするのかを議論していくと、会社の歴史や事業変遷に話が及び、創業以来、薬や食品といった生活必需品を販売してきたこと、化粧品も女性にとっては生活必需品であること、生活必需品と言っても消費者個々人で色々なこだわりがあることなどをお聞きし、そこから「生活の質を向上させる」ことによる地域社会への貢献と繋がっていきました。

また、この事例はあえて10年程前の古いものを取り上げていますが、当時は全国区のドラッグストアが同業他社のM＆Aを積極的に進めており、K社にも会社を売らないかという打診が頻繁に来ていました。そうした状況に社長としては、流通大手の軍門には下りたくない、地域密着だからこそ出来る「ユニークさ」がなければ生き残れないと考えるようになり、大手の二番煎じになっている戦略・施策については、大胆な方針転換が必要という課題意識を持つようになりました。

図表3-9 ◆ 社長の想いを整理する

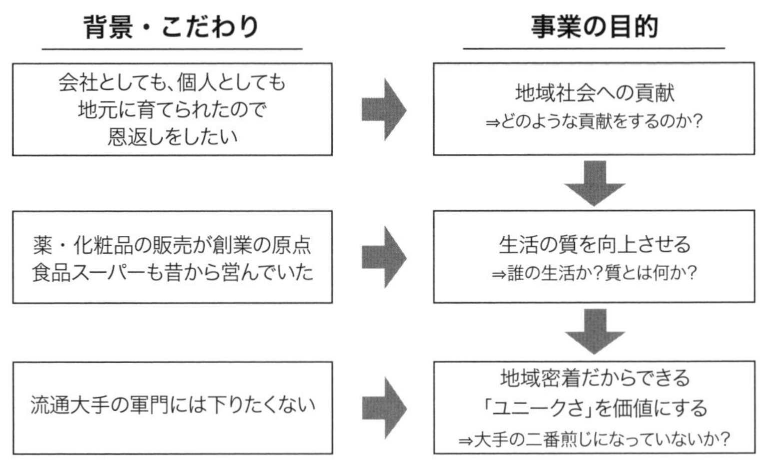

メガ・トレンドを把握する

事業の目的を明確に出来たら、次はメガ・トレンドを把握します。このように書くと何やら難しい分析が必要そうに聞こえますが、普段テレビや新聞等で良く見聞きする、誰もが知っているようなことが、自社の事業へ与える超長期的な影響を「真正面から」考えることが重要です。

図表 3-10 ◆ K社を取巻くメガ・トレンドと超長期的影響

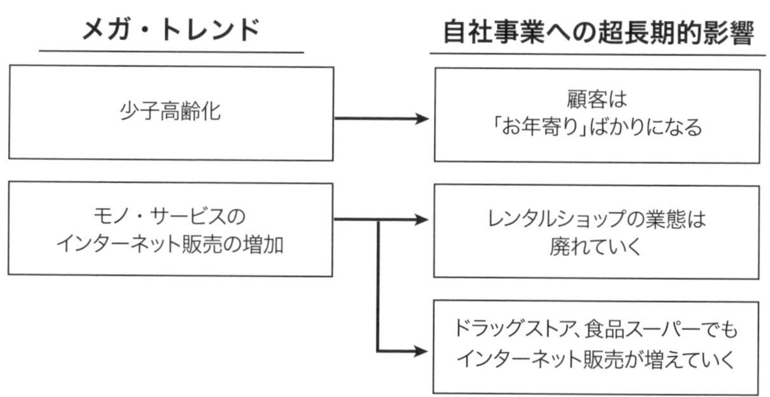

実際にK社で取り上げたメガ・トレンドは幾つかありましたが、特に重視されたのは「少子高齢化」と「モノ・サービスのインターネット販売の増加」の2つでした。何れも特別な調査・分析をしなくても、既に分かっていたことと言えます。

また、これらのメガ・トレンドが自社事業に与える超長期的影響についても、「顧客はお年寄りばかりになる」、「レンタルショップの業態は廃れていく」、「ドラッグストア、食品スーパーでもインターネット販売が増えていく」と、目から鱗のような内容ではありません。

大切なことは、こうした誰もが知っているような当り前のトレンドに対して、目を瞑ることなく、「真正面から」対処していくことです。実際には問題として認識していても、解決は先送りしている会社が多いのではないでしょうか？

このように超長期ビジョンを策定する上で、大量の情報収集や小難しい分析をする必要はありませんが、ある程度は網羅的な分析・検証をしてみたい場合には、5Forces・PEST分析（図表3-11）を行ってみることをお奨めいたします。

図表3-11 ◆ 5Forces・PEST分析

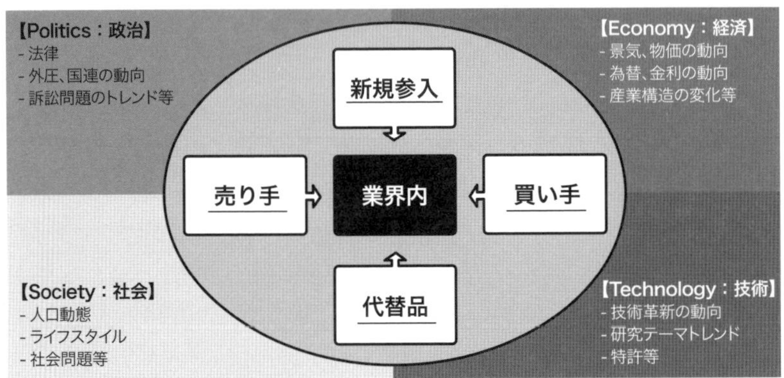

超長期ビジョンの策定

事業の目的は意思、メガ・トレンドによる影響は客観性です。これらの組合せから、超長期ビジョンを策定します。そして、その超長期ビジョンに至るまでの道筋を、社長引継時のあるべき姿を中間地点として表現します。これらを図示したのが図表3-12であり、グランドデザインの全体像となります。

図表3-9で説明したとおり、K社の事業目的は「生活の質を向上させることによる地域社会への貢献」です。

「誰の生活か？」については、メガ・トレンドから「お年寄りの生活」にすんなりと決まりました。「質とは何か？」については議論が行ったり来たりしましたが、最終的には「安心・便利」がキーワー

図表 3-12 ◆ グランドデザインの全体像

グランドデザイン

意思
事業の目的

客観性
メガ・トレンド
による影響

超長期ビジョン
（概ね20年後のあるべき姿）

超長期ビジョンに至る道筋
・現状からの主要課題と解決の方向性
・社長引継時のあるべき姿（道筋の中間地点）

ドとなりました。このキーワードに至った理由としては、図表3-10のメガ・トレンドとしては取り上げなかったですが、「消費者の安全・健康意識の高まり」や「消費者の利便性重視の傾向」がありました。

そして、この目的をどう達成するか、自分たちの存在意義をどこに置くかについては、「地域密着だからこそできるユニークさを価値にする」でした。これは社長の強い拘りでもあり、現在の店舗戦略や商品戦略が本当にユニークと言えるのか、お年寄りの安心・便利に繋がっているのか、を徹底的に議論しました。

その結果、もっとお年寄りが買い物しやすい店舗作りをしていく、お年寄りでもインターネット販売の利便性を享受できるような宅配サービスを行うなどの超長期ビジョンが策定されました。

また、レンタルショップ事業については、対象顧客層が異なること、フランチャイズであり独自のユニークさがあるわけではないこと、今後の成長性は期待できないことから、事業売却を最優先に撤退する方針を決めました。

図表 3-13 ◆ K社の超長期ビジョン

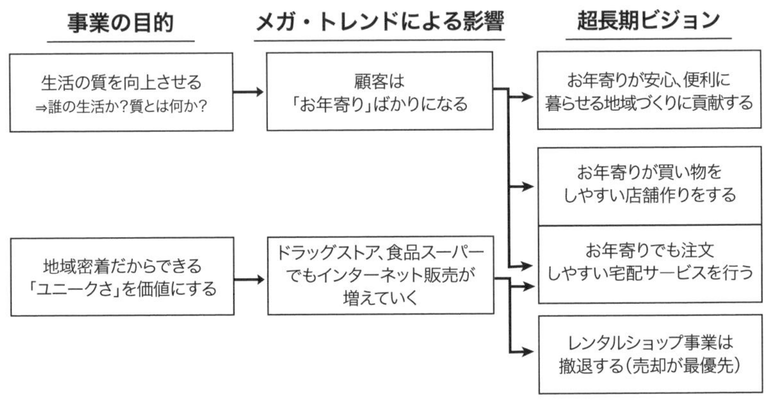

超長期ビジョンに至る道筋の策定

この超長期ビジョンを達成するための主要課題としては、店舗戦略、商品戦略、物流、事業構成と大きく４つありました。

先ず店舗戦略としては、多くの店舗が自動車で来店することを前提としたロードサイドの中・大型店舗で、ショッピングセンターの開発も同様でした。お年寄りが来店しやすい立地とは言い難く、また大型店では店舗内を買い物して回るだけでもお年寄りには大変でした。

もっと生活地域に近い場所で小型の店舗を今後は開発していく、また、単に買い物するだけの場所ではなく、毎日来店したくなるようなコミュニティの場を提供していく、そうした方向性が定まりました。そのために、現社長が目指す引継時のあるべき姿としては、一定割合（実際には具体的な数値目標を設定）のスクラップ&ビルドの達成、既存ショッピングセンターのモデル転換を目指すことになりました。

商品戦略では、特にPB商品（プライベートブランド商品、小売業者が独自のブランドとして商品開発を行って販売する商品）が問題視されました。当時、PB商品は自社の採算性向上のためには拡大すべきという意識が社内に強く出過ぎており、また、大手メーカーの商品に比べて低価格であることを訴求する商品ばかりでした。

これでは消費者の安全・健康意識の高まりといったトレンドとは逆行していることから、全体として価格訴求ではなく、安全・健康訴求の商品構成比率を上げていくことを方向性としました。

図表 3-14 ◆ K社の超長期ビジョンに至る道筋

	主要課題	解決の方向性	引継時のあるべき姿
店舗戦略	✓ロードサイドの中大型店が多い（ショッピングセンターも同様）	✓生活地域に近い小型店の展開 ✓コミュニティの場を提供	✓一定割合のスクラップ&ビルドの達成 ✓ショッピングセンターのモデル転換
商品戦略	✓低価格訴求のPB商品	✓安全、健康訴求の商品構成比率のアップ	✓PB商品の見極め ✓バイヤー機能の強化
物流	✓宅配未経験、店舗配送も効率化余地あり	✓自社物流機能の強化	✓宅配サービスの立上げ
事業構成	✓介護ビジネスに取組み始めマンパワー不足	✓介護ビジネスの見極め ✓レンタルショップ事業の売却	✓左記の完了

但し、その実現手段としては、PB商品で実現可能かは不透明であったため、PB商品を存続するかの見極めと、安全・健康訴求の品揃えを豊富にして行くためのバイヤー機能を強化することを、引継時のあるべき姿としました。

物流は、最も挑戦的で、最も意識の変わった部分でした。当時K社は宅配の経験はもちろんなく、通常の物流業務自体にもまだまだ効率化の余地が残っている状況でした。自分達は小売店であり、物流はそのための支援機能の一つでしかない、という考え方に染まっていました。しかし、地域密着でユニークな事業展開をしようとすると、実は自分達の事業は小売店ではなく、地域物流なのではないかという意見まで聞かれるようになりました。さすがにそこまでは言い過ぎだとしても、今後K社の事業展開を進めて行く上で、物流機能を強化することは非常に重要だと認識されたことは、大きな転機となりました。

最後に事業構成ですが、レンタルショップ事業から撤退することにしたのは超長期ビジョンでも言及したとおりです。また、お年寄りが増えるという認識は以前からあり、ドラッグストアと親和性が高そうなことから、介護ビジネスを取組み始めていたのですが、本丸の店舗戦略や商品戦略、そして物流を大きく改革していく必要があるという認識に立ったことから、人材を始めとする経営資源の配分を再検討する趣旨より、介護ビジネスのあり方を見極めることが必要、そこまでは現社長が完了させるということになりました。

6 「誰に」自社株、社長を承継するのか？

承継の組合せをマトリックスで可視化する

STEP1の後段は、「誰に」自社株を承継するのか？「誰に」社長を承継するのか？を同時並行で検討します。

図表3-15は「誰に」の組合せをマトリックスで示したものです。太線で囲んでいるところは所有と経営が一致する組合せ、それ以外は分離させる組合せとなります。この章の冒頭で、所有と経営の分離が考えられるかを意識することが、事業承継の視野を広げる初めの一歩と申し上げましたが、このようなマトリックスで視覚的に捉えることにより、その意識をより高める効果があります。

なお、マトリックスは5×4で20のマス目がありますが、現実的ではない組合せもあるため、有効なマス目は8プラス1(会社清算)です。

親族(自社株)×親族(社長)の組合せ

近年は減少していますが、最もオーソドックスな事業承継パターンと言えます。オーナー企業であれば、先ずはこの組合せを検討されることが多いと思います。

社長後継者となる親族が既に自社内で働いている場合は問題ありませんが、これまで全く自社に関わっていない親族を社長後継者とする場合には注意が必要です。

図表 3-15 ◆ 承継の組合せを検討するためのマトリックス

「誰に」自社株を承継するのか？

「誰に」社長を承継するのか？

	親族	役員・社員	社外人材招聘	事業売却	会社清算
親族		―	―		―
役員・社員			―		―
社外人材招聘		―		―	―
事業売却	―	―	―		―

※太線枠は所有と経営が一致するパターン

その場合は、先ずは現経営幹部の意向を確認することが最優先となります。社外の親族を社長にするまでには、取引先との関係、自社事業に対する知識と経験、社内の求心力などクリアすべき課題が多いため時間がかかります。その間は現経営幹部に会社を、そして社長後継者を支えてもらう必要があります。その意向を確認します。もしかしたら、将来的に社長になりたいと考えている経営幹部もいるかもしれません。その場合には、役員・社員に社長を承継する選択肢も入ってきます。

ちなみにこれは完全に筆者の経験則ですが、社外から呼ぶ親族は社長の子供以外には考え難いです。例えば社長の兄弟となると年代的に近いため、じゃあその次はどうするのか？となってしまいます。また、血筋が遠くなると、社内の納得感が醸成され難く、非常に長い期間をかけ、かつ、社長後継者本人の実力・胆力が相当問われることになります。

現経営幹部の意向が確認できたら、次は社長後継者となる本人の意思を確認します。20代の頃は会社を継ぐことに否定的であっても、30代、40代と年齢を重ねることで興味関心・自身を取巻く環境などが変化し、会社を継ぐことに前向きに変わっている場合も少なくありません。どうせ子供は継がないだろうと決めつけることなく、親子で一度腹を割って話をしてみることが大切です。

図表 3-16 ◆ 社外の親族を社長後継者とする場合

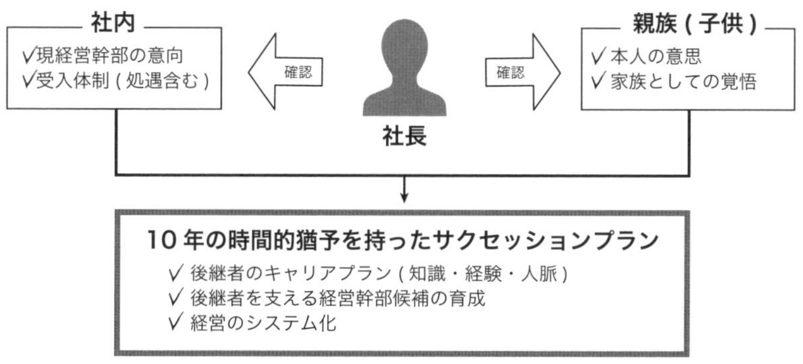

それぞれの意向・意思が確認できたら、社内の準備としては具体的な受入体制を考えます。どの部署で、どの程度の役職・ポジションで入社してもらうのか、給与等の処遇を含め検討します。

また、本人に対してはオーナー企業の経営は甘くないことを社長自らの言葉として伝え、覚悟を問います。その際、既に結婚して独立した家庭があるのなら、配偶者を含めた家族としての覚悟を問うとなお良いと思います。外でサラリーマンとして働くのと、オーナー社長として働くのでは時間の拘束のされ方が全く異なりますので、家族の理解・協力は必要不可欠です。

これらが全てクリアされれば、後継者候補として入社となりますが、そこから社長交代時期までは少なくとも10年間の時間的猶予を持つことをお奨めします。従って、ある程度早い段階、現社長の年齢で言えば遅くとも60歳前後には着手する必要があります。

そして、その10年間でどの様な道を歩ませるのか、サクセッションプラン（後継者育成計画）を大まかで良いので策定します。個人の経験、知識もさることながら、組織として承継していくための将来の経営幹部候補の育成や経営のシステム化を図ることもサクセッションプランの一部となります。

親族（自社株）×役員・社員（社長）の組合せ

自社株は親族に承継するが、社長は役員・社員から選択しますので、所有と経営が分離します。図表3-2で説明した事例が該当します。

この組合せで肝となるのは、役員・社員からの社長後継者の選び方になります。これまでの相談事例から申し上げると、積極的選択と消極的選択の２つがあります。

①積極的選択……「こいつに継がせたい」から
②消極的選択……子供でもない、事業売却でもないから

この内、①の積極的選択によって役員・社員への承継を考える場合は、後継者選びは決まっているので簡単なのですが、この組合せに落ち着かないことが良くあります。つまり、自社株も役員・社員に承継させる方向になりがちです。社長としても後継者にある意味惚れ込んでいますので、自社株を持たせたいという考えがあります。後継者の方も、社長に見込まれるほどの人物ですから、野心も強く、社長をやる以上は自社株も欲しいと考えるわけです。従って、①で

は社長、自社株ともに役員・社員に承継させる組合せも並行して検討する場合が多いです。

一方、②の消極的選択によって役員・社員への承継を考える場合は、後継者選びから検討しなければなりません。とは言え、無数に選択肢があるわけではなく、大抵の場合は上位の役職者、例えば執行役員や事業部長、本部長といったクラスから選択することになります。ある意味では、上場企業がサラリーマン社長を選ぶ時に似ています。

また、元々これという人がいないわけなので、社外から人材を招聘してくることも考えられます。従って、②では社外人材招聘との組合せも検討する場合が多いです。

親族（自社株）×社外人材招聘（社長）の組合せ

この組合せは既に説明したとおり、役員・社員への承継からの派生型として検討されることが多いです。要は役員・社員への承継なのだけども、今いる役員・社員では難しいので、外部から経営者人材を獲得してこようというわけです。

イメージしやすいのは、取引先や取引銀行から人材を受け入れる場合だと思います。実際、社長とまではいかなくても、取締役として受け入れている会社は多くあると思います。こうした取引先等からの人材招聘には、以下のようなメリット・デメリットが考えられます。

メリット	◎中小企業の場合、特定の顧客や仕入先への依存度が高いことが多く、そうした先から人材を受け入れることは取引関係の安定化にプラスとなる。 ◎中小企業の場合、経理・財務機能が弱いことが多く、銀行出身者の知識・ノウハウが得られることは機能強化に繋がる。
デメリット	◎役職定年者などの50代後半以降の人材招聘となる場合が多く、直ぐに次の事業承継問題が起きる。 ◎取引先や取引銀行は大手企業であることも多く、大手企業で働いてきた人材が中小企業にきても優秀とは限らない。

また、最近は経営者人材を斡旋する人材ビジネスが拡大している他、人材マッチングを行う公的支援も増えています。取引先等からの人材紹介だけに頼らず、人材ビジネスを行っている民間企業や、公的支援についても積極的に活用することで、社外人材招聘の可能性が広がります。

7 親族以外への自社株承継

親族に自社株承継をする場合を考察してきましたので、ここでは親族以外への自社株承継を考えます。選択肢としては図表3-15でも示したとおり、下記の3つとなります。

- 役員・社員への自社株承継
- 社外から招聘した人材への自社株承継
- 事業売却

役員・社員への自社株承継

役員･社員に自社株を承継する場合、組合せとしては社長も役員･社員に承継するのが最も現実的です。勿論、社長は親族が担う、あるいは社外から経営者人材を招聘してくることも出来なくはありませんが、その場合、自社株を役員・社員に承継する必要性が感じられません。

結局のところ、この選択肢は社長を役員・社員に任せることが前提になって、はじめて意味をもつのだと思います。社長を決めた上で、自社株も役員・社員に渡すのか、それとも親族に承継して、所有と経営の分離を図るのか、順番としては社長ありきで考えることになります。

社外から招聘した人材への自社株承継

役員・社員に承継する場合と、全く同じことが言えます。社長後継者を社外から招聘することを決め、実際に誰が社長を担うかが決まってから本人の意向も踏まえ、自社株も渡すのか否かを検討します。

事業売却

事業売却の場合は、売却先をどこにするかに始まり、自社株をいつ、どの位の割合で売却するのか、社長を誰が担うかまで色々な組み合わせが考えられます。

売却先は？	・同業他社 ・異業種の事業会社 ・投資ファンド
いつ売却するか？	・現世代（自身が社長の時）での売却 ・次世代での売却
どのくらいの割合か？	・100％（完全子会社化もしくは合併） ・過半数（子会社化） ・1/3 以上（グループ会社化） ・1/3 未満（資本提携）
社長後継者は？	・親族 ・役員・社員 ・売却先が選定する者

どこに売却するか

事業売却がハッピーなシナリオになるかどうかは、どこに売却するか次第と言っても過言ではありません。M＆Aに不慣れであると、どうしても買える先を買う、売れる先に売るといった選択になりがちですが、どこなら自社事業を買ってくれるのかではなく、どこに自社事業を売却したいのか、その意思をはっきりと持つべきです。

その際の考え方としては、自社事業の強み・魅力は何かを突き詰め、良いところを伸ばす発想を重視すべきです。そして、この会社であれば自社事業の良いところを更に伸ばしてくれる、そういう先を選択すべきです。もちろん、M＆Aは交渉事なので希望する先が買うかは分かりませんが、先ずは自分たちの基軸をしっかりと持つことが重要です。

また、昨今は業界の垣根を越えた競争が繰り広げられています。売却先としてイメージし易いのは同業他社だと思いますが、異業種も十分にあり得ます。ここでも視野を狭めることなく、出来るだけ広い視点から最適な先を見つけ出す努力が求められます。

最後に投資ファンドですが、投資ファンドも最終的には売却することが基本であるため、将来的に株式公開を目指している場合にはマッチしやすいです。但し、最近は事業承継を専門的に取扱うファンドも増えており、株式公開を前提としない活用も可能です。

いつ売却するか

事業承継の選択肢として事業売却を検討するわけですから、基本的には現世代、つまり社長ご自身が決断、実行する場合が多いです。そして事業売却と同時に社長交代、あるいは売却後１年～２年は社長を続けた後に交代という流れになります。

但し、どの位の割合を売却するかにも関係しますが、現世代では資本提携ないしグループ会社化のレベルに留めておき、相互に信頼関係が構築できた次世代にて、過半数以上の売却をするような段階的な進め方も考えられます。事業承継の時間的余裕がある場合には、こうした段階的な進め方は有効な手段と言えます。

どのくらいの割合を売却するか

最もシンプルなのは、100％売却して完全子会社化（合併含む）する場合です。それ以下ですと、子会社化、グループ会社化、資本提携と段々に事業売却先との関係は緩やかになります。

100％売却しない際の残りの自社株については、しばらく既存株主が保有したままにするか、従業員持株会を設立するなどの対応が考えられます。どの位置付けにあるのが最適かは個別事情に拠りますが、既存株主の自社株を資金化するという観点からは、売却割合を高くした方が有効となります。

図表 3-17 ◆売却割合による位置付け

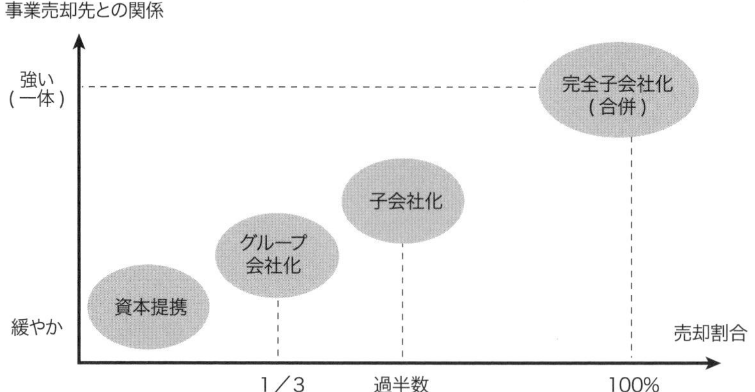

社長後継者は誰か

社長後継者の選定には当然ながら売却先の意向が働きますが、少なくとも売却当初の役員人事については、M＆Aプロセス内での交渉事となりますので、親族や元々いる役員・社員が社長後継者となることも十分あり得ます。とは言え、社長後継者として結果を残せなければ、将来的には売却先が選定する者に取って代わられることになります。

売却先が選定する者として、最も一般的なのは売却先の役員・社員ですが、中には外部から経営者人材を連れてくる場合もあります。特に投資ファンドが関係する場合にはよくあります。

8 会社清算という選択肢

会社の清算と倒産は全く違います。会社の清算というと、どうしてもネガティブなイメージがありますが、誰にも迷惑をかけずに会社を畳むことは、立派な終わり方だと思います。

ゴーイングコンサーンの呪縛

会社清算にネガティブなイメージがあるのは、私たち大半のビジネスマンがゴーイングコンサーンの考え方に拠っているためです。日本語に訳すと「継続企業の前提」となり、会社が将来にわたって無期限に事業を継続していくことを前提とする考え方のことです。

この考え方自体はグローバルに見ても特別なものではありませんが、失敗が許され難い風土にある日本では、時に呪縛と呼んでもよいぐらいの大前提になっているように感じます。

しかしながら、かなりドライな言い方になりますが、一部のインフラ系超大手企業を除けば、一つの会社が事業を継続しなかったからと言って社会に与える影響は殆どありません。それこそ自社で働いていた社員や、取引先等に迷惑をかけない終わり方であれば、ゴーイングコンサーンの呪縛から脱却し、胸を張って会社を清算すれば良いと思います。

廃業時に直面する課題

それでは、どうすれば誰にも迷惑をかけない会社清算が実現できるのでしょうか。図表3-18は、中小企業庁が委託調査として行った廃業時に直面した課題のアンケート調査結果です。

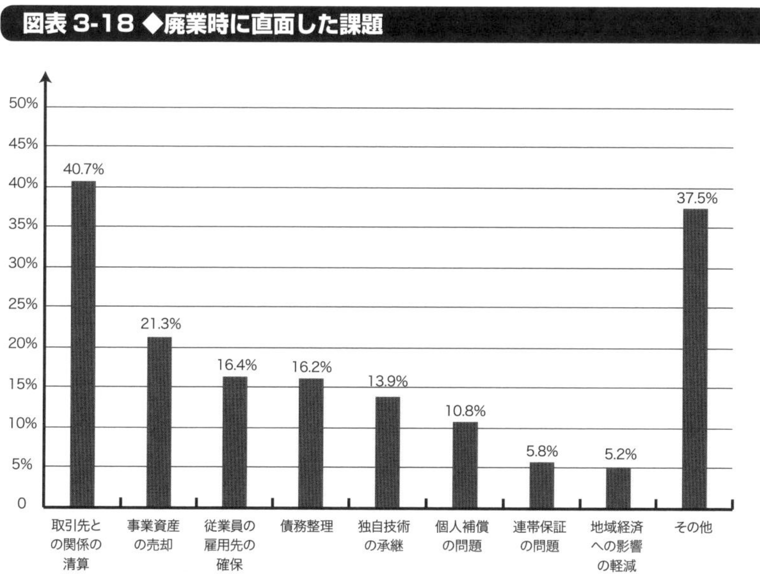

図表 3-18 ◆廃業時に直面した課題

中小企業白書 2014

中小企業庁委託「中小企業者・小規模企業者の廃業に関するアンケート調査」(2013年12月、(株)帝国データバンク)

トップは「取引先との関係の清算」で約4割の企業が課題として挙げています。特に取引先も中小企業である場合、自社が廃業することで取引先も連鎖的に廃業に追い込まれる事態になりかねません。そのような事態を回避するためには、徐々に事業規模を縮小したり、同業他社に取引先を紹介したりといった対応が必要となります。そうした動きの中で、同業他社への事業売却に繋がることも考えられます。

以下では「事業資産の売却」、「従業員の雇用先の確保」、「債務整理」と続きます。銀行借入が多額にあるような場合には、事業資産を売却できないと債務整理も完了しないという関係になりがちです。会社清算を意識したら、先ずは資産を全て現金化したら幾らになりそうか、その金額で全ての債務を返済することができるのかを確認することが必要です。

退職金・残余財産分配の考え方

従業員の雇用先の確保とも関係しますが、会社都合での退職となるわけですから、従業員に対しては退職金を支給するなど、生活不安が生じないように十分な配慮が求められます。

また、幸いにして十分な資産超過で清算できそうであれば、自分自身への退職金支給も検討します。退職所得には下記の優遇措置がありますので、退職金として受領することで税務メリットを享受できます。

【退職所得の優遇措置】

（1）退職所得控除（退職金から所得控除できる）
（2）1/2 課税（退職所得控除後の半分の金額が課税所得となる）
（3）分離課税（他の所得とは別に税率計算される）

但し、これだけ優遇措置のある退職金ですので、不相当に高額な退職金を支給すると、法人税法上は損金不算入の扱いを受け、法人税と所得税の二重で課税されることになってしまいます。一般的には、最終役員報酬月額、役員在任期間、功績倍率をもとに支給額を計算しますが、世間相場等を意識しながら最終的な金額を決めることになります。

退職金を含め全ての債務が整理された上で、残余財産があれば株主に分配することになります。この際、税務上の資本金（会計上の資本金＋資本準備金）を超える残余財産分配があれば、その超過分はみなし配当として所得税が課税されます。

会社清算時には、他に消費税も関係してきますので、どの様に清算していくのが節税になるのかを、税理士等と相談しながら進めることが必要となります。

〔コラム〕

社長が2人いる会社

◉「社長は1人」というのは既成概念の1つ

中古車買取店「Gulliver」を展開する株式会社IDOM（旧社名ガリバーインターナショナル）は、代表取締役社長が2人いる珍しい経営体制を敷いています。

ガリバーインターナショナルは現名誉会長の羽鳥兼市氏が創業し、当時は買取・販売を一体で営むのが当たり前であった中古車事業を、買取専業という新しいビジネスモデルを構築したことで急成長を遂げました。

2008年6月に羽鳥兼市社長が代表取締役会長に就任し、後任の代表取締役社長には長男の羽鳥由宇介氏、次男の羽鳥貴夫氏を揃って専務から昇格させ、社長2人という上場企業では他に例を見ない経営体制となりました。ユニークなビジネスモデルを考え出した父親の羽鳥兼市氏の発案かと思われましたが、後日の雑誌記事でご子息2人からの発案であることを明かしています。その雑誌記事の一部を下記に引用します。

> 「社長が複数いる会社」なんて私自身、聞いたことがなかったし、外部から見れば「2人の息子かわいさに、後継者を絞りきれなかった親の愚行」と映ることは間違いありません。「羽鳥は何という親

バカ」「上場企業としてあるまじき会社の私物化」……。この前代未聞の人事を発表した途端、そんな声が飛んでくるのは明らかでした。

それでも私は、ガリバーインターナショナルという会社を永続させるためには、2人の息子を共に社長にすることが最善の事業承継である、と結論づけました。

そもそも世間では「社長2人体制」は、私が発案したかのように誤解されていますが、実は言い出したのは息子たちです。あれは2007年の夏、社内研修合宿の帰り道でした。移動中の車の中で、「自分たち2人に社長をやらせてください」と突然、言ってきた。

そりゃあ最初は驚いたし、「あり得ない」と思いました。最初に言ったような世間体の問題もあったし、長男と次男を同時に社長にして失敗したときのリスクも大きい。

（出所）日経ビジネス（2010/7/5）「なぜ2人の息子を同時に社長にしたか理由を話します」

社長2人体制と聞くと、二頭政治になって社内が混乱しないのか？社長同士の意見が合わず大きな対立を生んだらどうするのか？といったことが懸念されますが、こうしたリスクは通常よく見られる社長・副社長のような承継の仕方であっても起こり得ます。また、対外的な代表という意味でも、代表権を持つ取締役が複数いることはよくあります。雑誌記事にもあるように世間体を気にしなければ、社長2人体制だから問題ということはあまり思い浮かびません。

一方、社長2人体制のメリットは色々と考えられます。社長、副社長のように差をつければ、兄弟であれ、社員同士であれ、格差によるモチベーションダウンや変に気を使い合うことが起き得ますが、社長として同格であれば、そうした懸念は払拭できます。また、経営者は生身の人間ですから、病気や事故等で経営の一線から突然降りる事態も考えられます。そうした場合でも、社長が2人いればトップ不在の空白期間を作ることなく、スムーズな対応ができそうです。

本章では既成概念に縛られず、視点を広げて事業承継を考えることが大切だと説明してきましたが、「社長は１人でなければならない」というのは最も根本的な既成概念と言えます。これからの事業承継は「社長を何人にしようか？」そんな問いから始まっても良いのかもしれません。

第4章

「自社株」をいつ承継するのか

社長引退後や事業承継後の会社との
関わり方はさまざま。自社株承継の
タイミングは慎重に見極めよう

1 STEP2：会社のビジョンを決定

本章では、２章で類型化したリスク『「いつに」が甘かった』について考察します。３章の「誰に」では会社清算についても考慮しましたが、本章では会社の継続を前提といたします。つまり、「誰に」について、親族や役員・社員への承継を選択した場合を中心に説明いたします。

STEP2の目的・位置付け

STEP1では、事業をどうしたいのか？自分自身がどうしたいのか？を検討することにより、誰に自社株を承継するのか？誰に社長を承継するのか？を決定いたしました。

このSTEP1の実施は、基本的には社長自らが主体的に行う必要があります。もちろん、経営幹部や社外の専門家などと相談をしながら検討・決定しても構いませんが、事業承継という不安定要素を抱えた経営課題でもあるので、あまりオープンにはせず、クローズされた陣容で検討を進めるのが一般的です。そのためSTEP1の段階では、決定とは言っても仮説・一次案として位置付けられます。

STEP1で検討・決定した仮説・一次案の妥当性を検証し、より具体化していくことがSTEP2の目的です。

検証や具体化といった作業であることから、STEP2で検討すべき事項は、STEP1と重なる部分が多くあります。違うのは、社内関係者を広げオープンに検討していくことにあります。

なぜオープンに検討するのかと言うと、事業承継に関する課題認識・方針をオーソライズされた会社のビジョンとして位置付けるためです。従って、STEP2 の実施にはかなりの時間を要することになります。

図表 4-1 ◆ STEP1 と STEP2 の関係

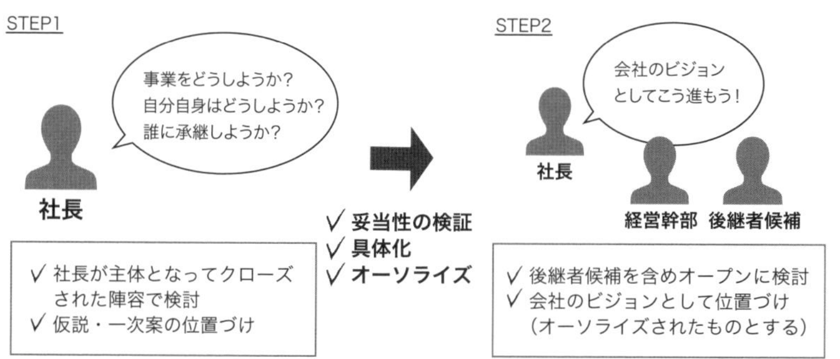

会社のビジョンとしてまとめあげるオープンな検討は、中期経営計画策定プロジェクトとして進めます（図表 4-2 の左ルート）。プロジェクトのリーダーを後継者候補に任せることで、現社長との経営方針や考え方をすり合わせる良いコミュニケーション機会となるほか、後継者候補として妥当であるかを検証する場にもなります。

一方で、オープンに検討していくとは言え、事業承継課題のすべてを公開するわけではありません。引続き社長自らが主体となって検証・具体化しなればならない課題も残ります（図表 4-2 の右ルート）。

中期経営計画策定プロジェクトが良いコミュニケーション機会になると申し上げましたが、そのためには社長としての経営方針を明確にしておくことが必要であり、具体的には、STEP1 で検討・決定した「超長期ビジョン」や「引継時のあるべき姿」が該当します。

それらと後継者候補が中心となったプロジェクトチームが策定する経営方針とでは、どの様なギャップがあるのかを特定・分析し、解消に努めなければなりません。また、ギャップの内容次第では、そもそも後継者候補として相応しいのか疑問符が付くことも考えられます。そうした検討・判断を、社内上オープンに行うことはできませんので、必然的に社長による検討課題となります。

もう１つ社長ご自身による検証・具体化が必須となる事項は、STEP1でも検討した「自分自身がどうしたいのか？」です。特に社長引退時期をいつにするか、引退後の会社との関わり方をどうするかについては、STEP2を通じて答えを明確にしていくことが必要です。次項では、先ずこの点について考察いたします。

図表 4-2 ◆ STEP2 の詳細

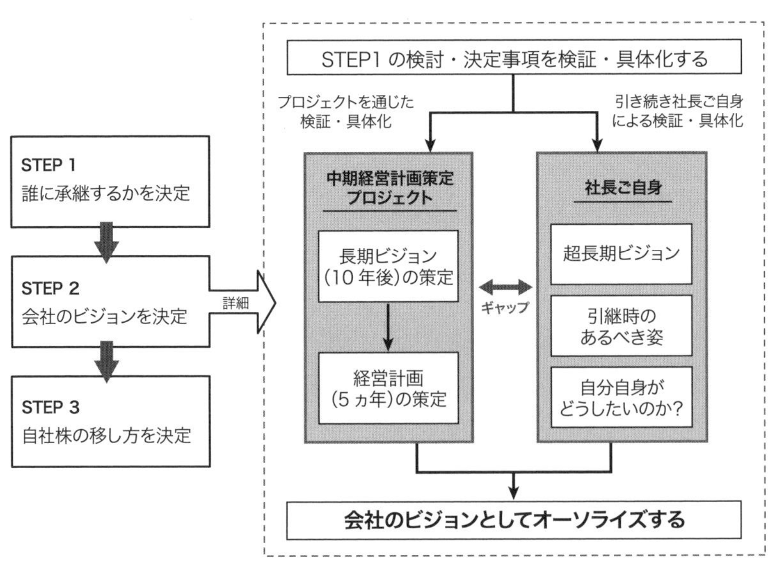

社長引退後の会社との関わり方

社長引退後、つまり元社長の立場には、経営者としての立場と株主としての立場の２つが考えられます。

経営者としての関わり方

社長を引退しても、会長等の職に留まり、引続き経営者として会社に関与するケースはよくあります。意味合いとしては、新米社長の補佐、後見人ということになりますが、経営への影響力を強く持ちすぎると、院政、二頭政治と批判されかねませんので注意が必要です。

図表 4-3 ◆経営への影響力

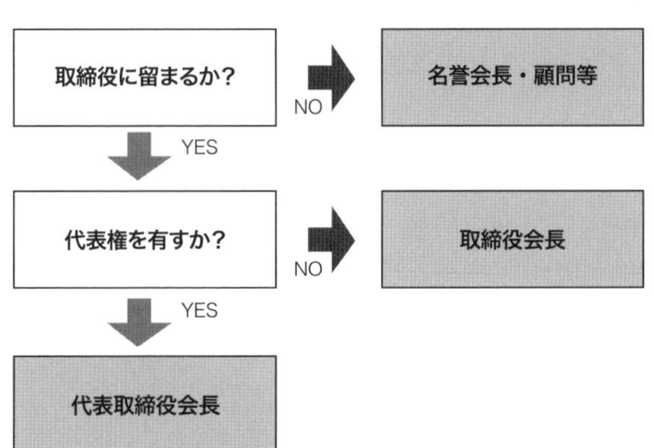

経営への影響力を検討する上で、図表4-3のように先ずは取締役に留まるかどうかを決めます。取締役からも外れるのであれば、経営への影響力は弱く、肩書も名誉会長や顧問等と称されます。

取締役に留まる場合は、次に決めることは代表権を持つか否かです。代表権を持つ場合は、代表取締役会長となりますので、経営への影響力は相当強く残ります。社内外から見た印象としては、社長より会長の方が上、少なくとも同列と受け止められます。実際、組織図上でも社長の上位として位置付ける場合が大半です。

どれが良いかは、後継者の意欲・力量などにも左右されますので、一概には言い切れませんが、実際によく見るのは、承継当初は代表取締役会長に就き、ある程度の年月が経過したら代表権を外していく段階的な権限委譲です。

会長・社長の役割分担

取締役会長として残るのであれば、会長・社長のダブルヘッド体制になってしまうのは、ある意味では狙いでもあります。

但し、社長との役割分担を意識的に行わないと、社内の混乱を招き、本当の意味での事業承継が進みません。図表4-4は役割分担を明確にしたか否かによって失敗・成功が分かれた事例です。

L社、M社ともに比較的規模が大きく、所有と経営の分離も一定程度進んでおり、役員・社員に社長を承継する点では同じでした。異なったのは職務権限内容と役割分担の実態でした。

L社は代表権のない取締役会長であったので、職務権限規程上は社長に殆ど全ての権限委譲がなされており、会長の役割は「経営全般に関する助言を行い、社長を補佐する」こととされていました。一見すると、主副が明確で問題はないように見えますが、「助言」

図表 4-4 ◆役割分担の失敗・成功事例

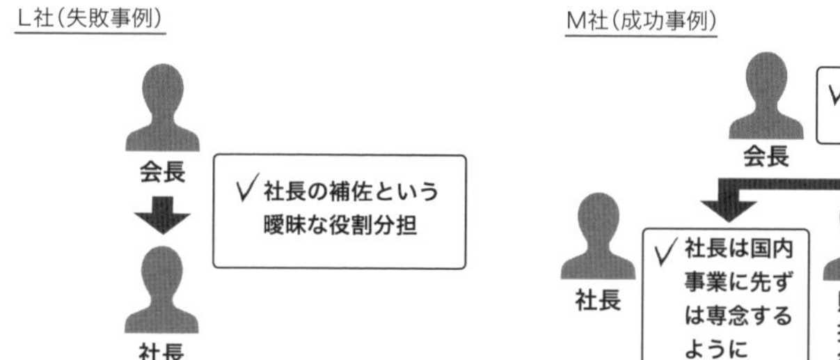

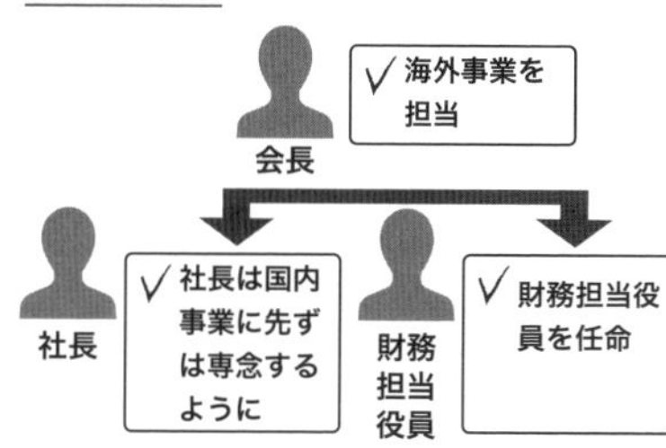

L社(失敗事例)

- √ 社長が決定しても、会長の一声で結論が引っくり返ることが度々起きる
- √ 社内プロセスとして、会長への根回しや、直談判が横行する
- √ 社長も常に会長の顔色を気にする状態に陥り、社長としての自信が持てない

M社(成功事例)

- √ 国内/海外という明確な役割分担により管轄する組織ラインが明確になる
- √ 技術畑で財務が苦手な社長の代わりとして財務担当役員を取引銀行から招き入れる
- √ 国内事業で結果を残したことで社長としての自信も深まり、社内の求心力が高まる

とは何か?「補佐」とは何か?が曖昧であり、いかようにでも解釈できてしまいます。

このように公式なルールを曖昧に設定すると、実運用は会長と社長の人間関係次第となります。L社の会長はカリスマ性のある経営者タイプで、社長から見ると大先輩で頭が上がらないという存在でした。そういう人から「助言」を受ければ、それは「指示・命令」と同じです。

また、会長に退いたとはいえ、常勤の取締役として出社していれば、本来の意味での助言や補佐だけでは手持ち無沙汰になり、会長としても主体的に色々と動き出してしまいます。会長が担当すること、会長の承認が必要なことが、雨後の竹の子のように出てきて社内は混乱し、最終的には公式ラインとは別に、会長への根回しが重要な社内プロセスとなり、会長への直談判も横行するようになってしまいます。

一方、M社では会長は海外事業を担当し、社長は国内事業に専念するように職務権限を規定しました。また、技術畑で財務に疎い社長の代わりとして財務担当役員を設けるなど、組織的な承継をされていました。

海外事業を担当する関係から、会長は代表権を有していましたので、公式ルールとしてはＬ社よりも会長の役割が大きくなっていますが、それぞれの役割分担を明確にしたことで、かえって実態とも合致しやすくなり、スムーズな承継を実現されていました。

会長としての心構え

Ｌ社とM社の違いはどこから生まれるのか、それは会長としての心構えにあったと思います。

Ｌ社の会長は、形式的には代表権のない取締役会長でありながら、社長を補佐するというよりは、社長の面倒をみてやる、教育してやるという上からの接し方でした。一方、M社の会長は、社長を盛り立てたい、応援したいという意向が強く、横から、後ろからの接し方でした。

批判・反対をする際には、Ｌ社の会長は気にせず何でも発言したのに対し、M社の会長は表立って批判・反対することはせず、特に社長を始めとする人物そのものを批判しないように気を使っていました。

こうした心構えの違いは、両会長の元々の性格に加え、社長時代の経験の差にあると思います。前述のとおりＬ社の会長はカリスマ性のある経営者で、社長時代の功績は輝かしいものがあり、創業家の株主からも厚い信任を得ていました。そのため、株主視点で物事を考えることも多く、いざとなれば社長の首を変えれば良いと考えている節がありました。

一方、M社の会長は、父親が早期にリタイアしたことで比較的若い年代で社長に就任したため、色々な苦労をしてきました。そのことが社長として任せた以上は応援したい、という振る舞いに繋がったのではないかと思います。因みにM社の会長は創業家の血筋なので、主要株主の一人ですが、株主視点の発言を一度も聞いたことがありません。

以上の両会長の比較を図表4-5にまとめてみました。これから後継者に社長職をバトンタッチしようと考えている経営者の方は、L社の会長のような言動をしていないかチェックしてみて下さい。事業承継が上手く行くかどうかは、後継者よりも、むしろ譲渡者の方にウェイトがかかっているというのが筆者の持論です。

図表4-5 ◆会長としての心構えの違い

	L社の会長	M社の会長
社長への接し方	面倒をみる、教育をする	盛り立てる、応援する
批判姿勢	人物を攻める (例)社長のマーケティングセンスが不足している	仕組みを攻める (例)マーケティング機能が組織的に弱い
自分の意見の出し方	後出し (例)○○という意見が出ているが××をすべきだ	先出し (例)△△を進めて欲しい
反対の仕方	会議等の公然の場で反対する	個別に呼び寄せて説明する
総括すると	株主の代理人 (駄目なら社長の首を変える)	後援会会長 (社長という人物ありき)

会長の役員報酬をどうするか

会長としての役員報酬や賞与をどうするか？取締役退任時の退職金をどうするか？こうした経営トップの報酬については、明確なルールを設定していない場合が多く見受けられます。

代表取締役会長であれば、社長時代と役割・権限・責任が実質的にはあまり変らないと考えられるため、社長時代の報酬水準をスライドしている場合が多いです。但し、新社長の報酬を高くする必要があるので、それだけの業績的な余裕があることが条件となります。

代表権を外した場合、その分だけ報酬水準は下がります。代表権見合いを幾らと考えるか、そもそもの報酬水準がどの程度であったかにも拠りますが、20％程度カットする場合が多いです。

取締役からも外れて、名誉会長や顧問となる場合は、それだけ役割も小さくなりますので、大きく報酬水準を下げるのが一般的です。具体的には、平取締役の報酬水準や、社員身分の最高位の給与水準と比較してバランスをとるようにすることが多いです。

いずれにしてもルールが明確でないので、自分から希望する報酬水準等を切り出してしまった方が、社内で余計な気を使わせずに済みます。また、これを良い機会として、役員報酬に関して明確なルールを定めることも前向きな対応策として考えられます。

会長の待遇をどうするか

役員報酬よりも更に細かい内容になりますが、意外と困るのが待遇面の扱いです。例えば、個室を用意するのか、秘書はどうするのか、社用車がある場合には、会長用の社用車を用意するかなどです。

一般的には総務部などの業務範囲となりますが、役員報酬と同様に、変に気を使わせてしまうよりは、自分から意向を伝えてしまった方がスムーズです。

株主としての関わり方

最後に株主としての関わり方です。事業承継の相談を受けていると、通常とは異なる感覚に陥ってきます。それは自社株の株価が高いことが悩みの種となるからです。

自社株とはいえ、金融資産であり個人の財産です。本来は株価が高いことは望ましいはずですが、相続税が高くなるため、何とかして自社株を安く移動させたいという考え方に偏り過ぎているように思います。

株価を引下げたうえで後継者に譲渡したり、あるいは贈与をしたりすることは自社株対策の王道手段となっています。さらには財団法人等を設立して自社株を寄付してしまう場合もあります。

こうした対策をすれば確かに相続税は安くなりますが、その金額以上に社長の個人財産は目減りしてしまうことを、もっと直視すべきではないかと思います。

ここで肝心なことは「自分自身がどうしたいのか？」への答えです。特に、残りの人生で何をしたいのか？です。これについては完全にプライベートな質問となりますので、回答も人それぞれと思いますが、何かこうしたいということがあるのであれば、それをやるためには原資が必要となります。また、そこまで何をしたいという明確な答えがないとしても、誰しもが老後の生活を迎えます。一般のサラリーマンであれば､貯金や年金をあてにするわけですが､オーナー企業の社長であれば自社株も原資となります。創業者利潤を得るのはある意味では当然の権利であり、あまり綺麗ごとでは済まさない方が良いと思います。

図表 4-6 ◆株主としての関わり方

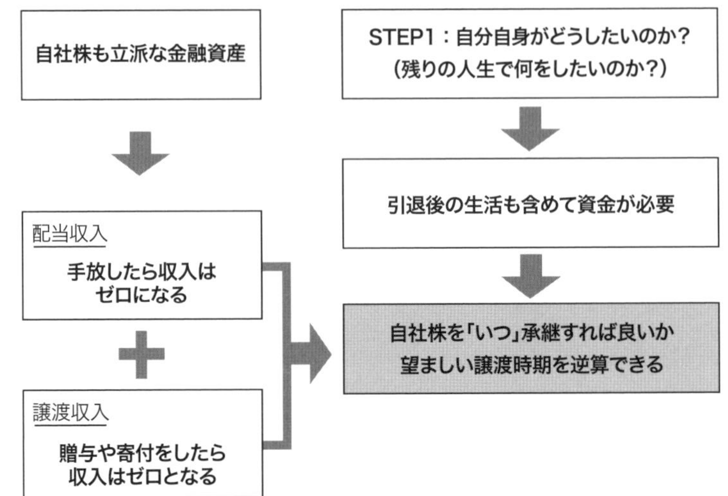

後継者を主体とした中期経営計画の策定

STEP1の検討により、誰を社長後継者とするかについては、基本的な方向性は定まり、少なくとも数名の候補者に絞った状況には至っているはずです。その後継者候補を中心として、中期経営計画を策定する社内プロジェクトを立ち上げます。これは現社長と後継者候補の考え方をすり合わせする良い機会となるほか、後継者候補として相応しいかを検証する作業にもなり得ます。

中期経営計画の策定プロセス

中期経営計画を策定したことがない企業も多いと思いますので、先ずは中期経営計画の標準的な策定プロセスについて説明します。

図表 4-7 ◆中期経営計画の策定プロセス

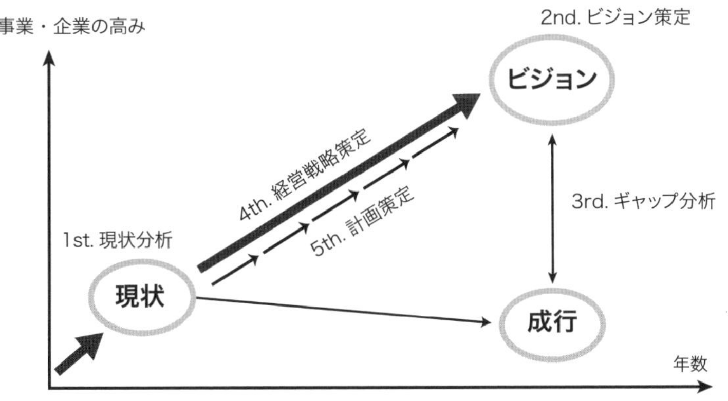

1st. 現状分析

現状分析には、①過去から現在に至るまでの振返りと、②将来における成行の姿を想定する、２つの面があります。

通常の中期経営計画であれば、①の過去分析は現中期経営計画期間、つまり過去３年～５年を対象に行いますが、事業承継時のプロジェクトとしては、もっと長い期間、可能であれば設立当初からの振返りを行います。それにより、自社の DNA が何かを探索します。

この DNA という表現には、「引継・進化させていくべき事項」という意味合いと、「変えるべき事項」という意味合いの２つが内包しています。前者は根源となる強み（＝コア・コンピタンス）を指し、後者は過去の誤りをリフレクト、つまり自己否定することで見えてきます。

次に②の成行想定ですが、これは STEP1 でも考察したメガ・トレンドを把握した上で、現状延長線上で進めて行くと自社がどうなるのかを検討し、定量的・定性的に表現をします。

これらの考察から、「結局、何を変えるべきなのか？」というシンプルな質問に答えられるようになれば、現状分析は完了です。

図表 4-8 ◆現状分析の全体像

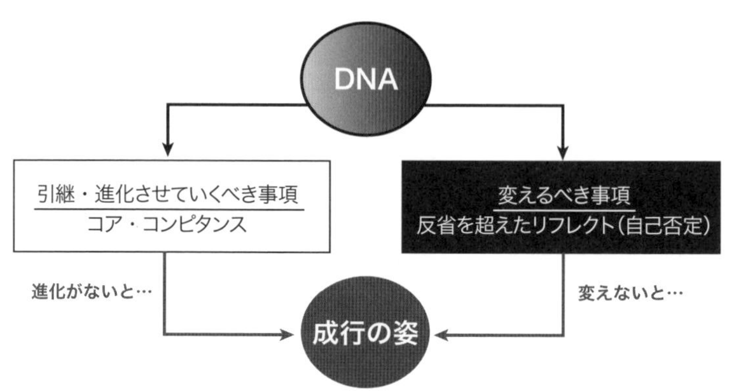

2nd. ビジョン策定

ビジョンとは、中長期的に企業がなりたい姿を示したものです。経営理念や経営戦略との関係を経営ヒエラルキーとして示すと、図表4-9のように位置付けられます。

図表 4-9 ◆経営ヒエラルキーにおけるビジョンの位置付け

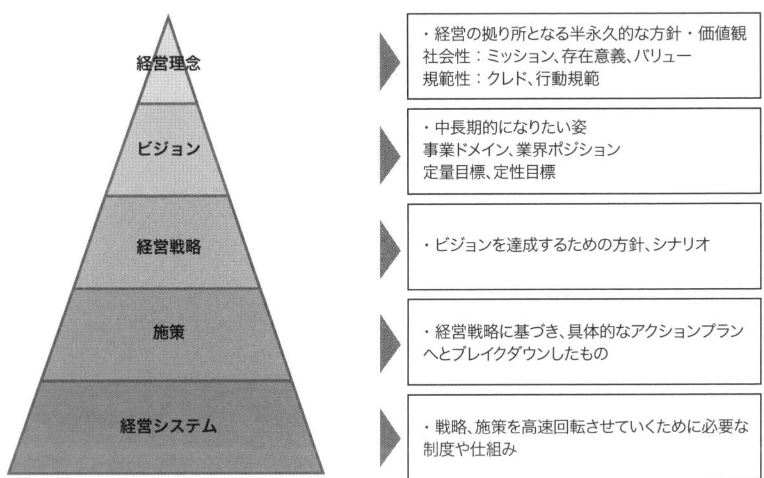

ビジョンは「なりたい姿」を共感できれば良いので、必ずこう表現しないと駄目というものではありませんが、事業ドメイン（今後はどこで戦っていくのか）、業界ポジション（そこでどう戦い勝利を収めるのか）が明快であると、より共感を得られやすくなります。

そして、売上高や利益等の定量目標、顧客満足や従業員満足、QCDS等の定性目標についてもビジョン或いはビジョンと並列した中長期目標として設定することで、経営戦略、施策へと繋がっていきます。

良いビジョンが策定できたかどうかは、「結局、何に変えるべきか？」に対する回答が明確になっているかにより判断できます。

3rd. ギャップ分析

現状分析により、何を変えるべきか？が明らかになりました。そして、ビジョン策定により、何に変えるべきか？についても明らかになりました。この「何を」から「何に」の間にあるクリアすべき障害を明らかにするのがギャップ分析です。

障害を思いつき難い場合には、なぜ？を繰返すことで明らかにし易くなります。例えば、既存顧客が衰退しており（現状分析）、新たな顧客層を開拓すべき（ビジョン）場合、なぜ新規開拓が進まないかを繰返し問いかけます。この問いかけは一人で考え抜くのも良いですが、複数人でブレーンストーミングを行うとより効果的です。

なぜを繰返すことで、そもそもどういった顧客層を開拓すれば良いか分からない、既存顧客対応で時間が取られ新規開拓に労力が回らない、新規開拓・既存顧客で営業評価に変わりがないなどの、具体的なクリアすべき障害が明らかになるはずです。

図表 4-10 ◆ギャップ分析の考え方

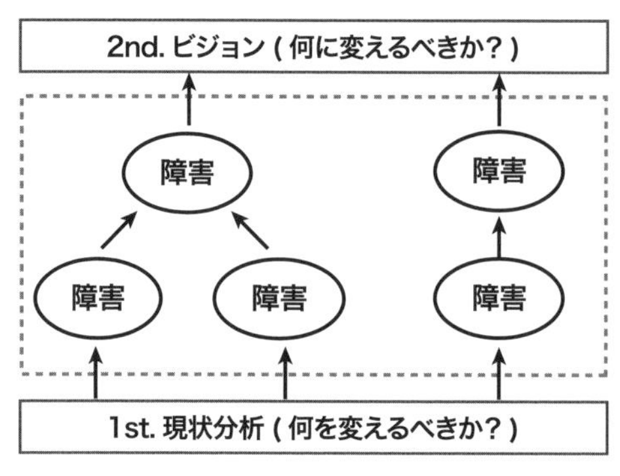

3rd. ギャップ分析
クリアすべき障害を明らかにする

4th. 経営戦略策定へ
(どの様に変えるのか？)

4th. 経営戦略策定

クリアすべき障害が明らかになっていますので、その障害をどの様に克服するのか「骨太の道筋」を策定します。ここで注意すべきことは、個々の障害に対して部分最適な施策を羅列するのではなく、全体として障害を克服する大方針が必要ということです。

例えば、先に例示した障害を個々にクリアしようとすると、往々にして下表のような施策があがりがちです。こうした施策が功を奏す場合もありますが、大体の場合は企画倒れで終わってしまいます。

【個々の障害に対する部分最適施策例】

障害	部分最適施策例
どういった顧客層を開拓すれば良いかわからない	マーケット調査・分析を行う
既存顧客対応で時間が取られ、新規開拓に労力が回らない	新規開拓専門部署を設ける
新規開拓・既存顧客で営業評価に変わりがない	新規開拓のインセンティブを設ける

この場合の骨太の道筋とは、例えば「販売代理店の構築」が考えられます。

販売代理店には自社にはないノウハウがありますので、どういった顧客層を開拓すれば良いか分からないことを解決できます（解決できるような先を販売代理店として選定します）。また、販売代理店という新たなマンパワーを得られるわけですから、新規開拓に労力が回らないという障害も解決でき、営業評価云々といったことも切離すことができます。

5th. 計画策定

最後に計画策定ですが、ここでは経営戦略の内容を具体的なアクションプランへと落し込みます。具体的にするポイントは「５Ｗ１Ｈ」を明確にすることです。特に「誰が」やるのか、「いつまでに」やるのかを見える化することが大切です。

もう１つの計画は計数計画です。損益計画を策定することは多いと思いますが、理想的には損益項目だけでなく、資産・負債項目がどうなるのか、キャッシュフローがどうなるのかを、損益計算書、貸借対照表、キャッシュフロー計算書として作成できると良いです。難しい場合には損益計算書プラス一部の資産・負債項目、例えば在庫や借入金など特に重要な勘定科目がどうなるかと、フリー・キャッシュ・フロー（以下、FCFと略記）がどうなるかを抑えます。FCFは下記算式により簡易的に算出することができます。

▶ＦＣＦ＝税引後営業利益＋減価償却費－設備投資額－運転資本増減

▶運転資本増減＝棚卸資産増減＋営業債権増減－営業債務増減

中期経営計画策定プロジェクトの進め方

中期経営計画の標準的な策定プロセスについて説明してきましたが、事業承継のタイミングで実施する以上、通常のプロジェクトの進め方とはやや異なる面も出てきます。その点について幾つか注意すべき事項を説明します。

ミドルアップで策定する

戦略・計画はトップダウンで策定すべきか、ボトムアップで策定すべきか、色々な見解があるところですが、事業承継時の中期経営計画策定はミドルアップで策定すべきです。ここで言うミドルとは、後継者候補を含む次世代の経営幹部候補達のことです（図表4-11）。

図表 4-11 ◆ミドルアップによる中期経営計画の策定

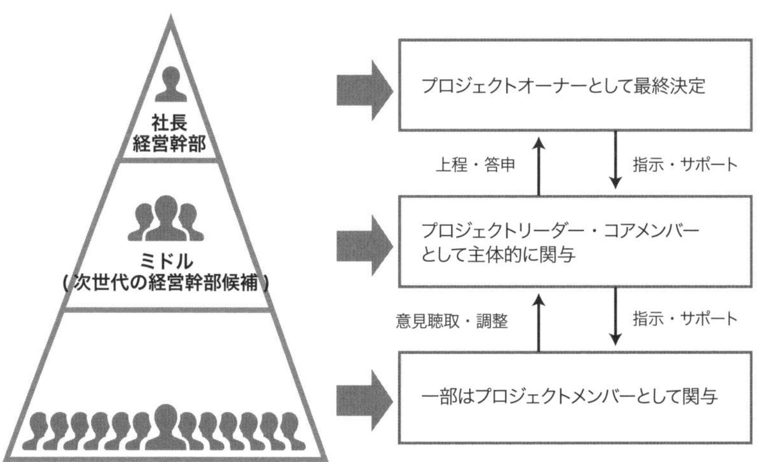

後継者候補がプロジェクトリーダーとなり、後継者を支える経営幹部候補生がコアメンバーとして主体的に中期経営計画策定プロジェクトを運営します。

この際､社長を始めとする現経営幹部には我慢が必要となります。当然、ミドルが上程してくる計画内容は色々と甘い点があると思います。その甘さを指摘することは良いのですが、一緒に自分の考えを伝えてしまう、つまり「答え」をあげてしまうことは良くありません。一度「答え」をあげてしまうと、結局は上が決めるという不満、やらされ感が強くなり、プロジェクト活動全体の活気が失われてしまいます。

但し､これは野放しにしておけば良いという意味ではありません。ミドルにとって、主体的に中期経営計画を策定するのは初めての経験になると思います。その状況下で放っておけば、出口の見えない迷路に迷い込んだかのように時間だけが消費し、疲弊し切ります。そうならないように、社長自らが顔を出して一緒に議論をしてみたり、外部のコンサルタントにプロジェクトのサポートを依頼してみたりと、助け船を出してあげることが必要です。

10年後の長期ビジョン＋5ヶ年計画を策定する

中期経営計画は、通常３ヶ年～５ヶ年の計画として策定されることが多いですが、事業承継時の中期経営計画では、先ずビジョンは10年後の長期ビジョンとして策定します。これには次のような狙いがあります。

【10年後の長期ビジョンを策定する狙い】

▶現状延長線ではない目線で考えられる
▶世代交代（経営体制等の変化）を自然と議論の中に含められる

また、10年後の長期ビジョンを検討した関係より、中期経営計画の年数としては5ヶ年とするのがバランス的にはお奨めです。この場合は、長期ビジョンに向けた折り返しとなる5年後まではアクションプランや計数計画を策定して具体化するまで行いますが、後半の5年は計画対象外として具体的な落し込みまでは実施しません。

教育的意味合いも含め時間をかけて策定する

通常の中期経営計画であれば6ヶ月程度、長くても1年以内の期間で策定するのが一般的です。例えば、現中期経営計画の最終年度の第2四半期あたりから、次期中計に向けての議論を開始するなどです。

事業承継時の中期経営計画としては、もっと時間をかけて策定します。これは事業承継という一大イベントを睨んだ特別な計画であるほか、後継者候補の教育（場合によっては見定め）という意味合いも兼ねているためです。

イメージとしては、長期ビジョンの策定までに1年位かけても良いと思います。抜本的な検討を行い、十分なコミュニケーションの元、後継者育成も含めて策定する中期経営計画というのはそれだけ特別な意味合いがあり、時間がかかるものと考えておいた方が良いです。

図表 4-12 ◆中期経営計画策定プロジェクトのスケジュール例

(M：1ヵ月)

	1M	2M	3M	4M	5M	6M	7M	8M	9M	10M	11M	12M	13M	14M	15M	16M	17M	18M
1.プロジェクト立上げ	→																	
2.経営リテラシー教育		→	→	→	→													
3.プロジェクトチームによる現状分析					→	→	→	→ ★										
4.長期ビジョンの策定							→	→	→	→ ★	→	→ ★						
5.ギャップ分析											→	→	→	→ ★				
6.基本戦略等													→	→	→	→ ★		
7.現場展開準備																	→	→

★：取締役会へのプロジェクト・チ　ムからの上程・答申

図表4-12は実際の支援事例でのスケジュールです。この事例では、先ずは後継者、経営幹部候補生を対象に経営リテラシー教育を実施いたしました。戦略・マーケティング、会計・財務、ロジカルシンキング等の中期経営計画を策定するために必要となるベーシックな知識を身につけてもらうためです。また、中期経営計画策定プロジェクトをスムーズに立ち上げるための助走・準備期間といった意味合いもあります。

その後、プロジェクトチームによる現状分析、長期ビジョンの策定と中期経営計画の具体的な中身に着手していきますが、スケジュールを見て分かるとおり、長期ビジョンの策定だけに6ヶ月をかけ、完了したのはスタート時から1年後でした。その間、取締役会への上程・答申という公式な会合を3回実施したほか、現経営陣との考え方の摺り合わせを我々外部のコンサルタントが間に入る形で進めました。

当初はかなり考え方に違う部分や、ナーバスな論点もあったのですが、外部の人間が介在することで感情的にならず冷静な議論ができ、意見を集約することができました。最終的に策定された長期ビジョンは、現経営陣が当初イメージしていた内容とは異なる部分も多々あり、世代を超えた議論を重ねたことが、ブレイクスルーに繋がったと思います。

図表 4-13 ◆外部活用のメリット

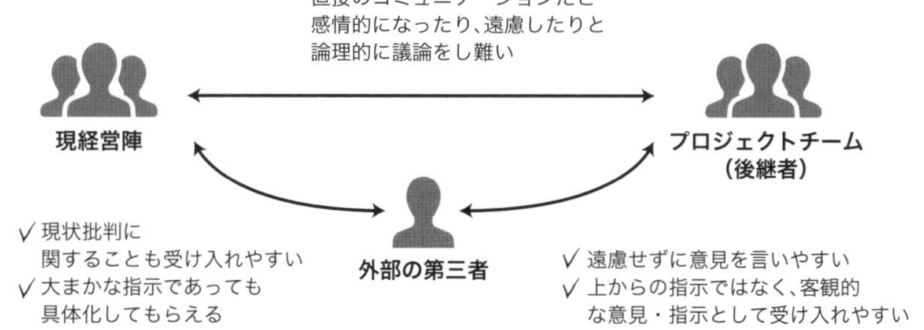

5 3つのギャップの特定・分析

STEP 1とSTEP 2の間に生じるギャップとは

STEP1では超長期ビジョン（引退時期＋ 10年後）を社長ご自身が主体となって作成しました。そして、STEP2では長期ビジョン（10年後）を後継者候補主体の中期経営計画策定プロジェクトチームで作成します。ビジョンというキーワードが2回出てきましたので、これらの位置関係を整理すると図表4-14のようになります。

図表 4-14 ◆各検討事項の位置関係の整理

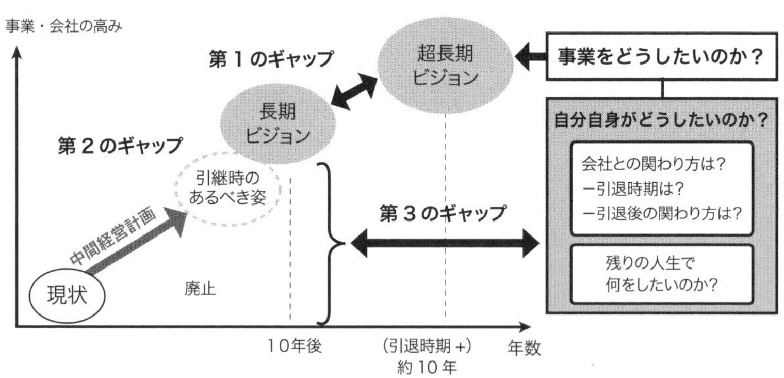

これらは検討主体や時間軸が異なるなどの理由から、策定された内容にギャップが生じる可能性があります。ギャップ発生源としては、図表4-14に表記しているように3つ考えられます。

第1のギャップ：超長期ビジョンと長期ビジョン

第1のギャップは、超長期ビジョンと長期ビジョンのギャップです（図表4-15）。超長期ビジョンは、引退時期+10年後程度で策定しますので、15年～20年先を見据えた内容となります。

その内容と、10年後の長期ビジョンとで目指すべき方向性が違っている、あるいは方向性は合っているが、事業・会社としての高みの水準に乖離があるのがギャップです。

これは換言すると、現社長と後継者候補の経営方針の違い、事業や会社に対する考え方や価値観の違いの表れとも言えます。従って、先ずは社長と後継者候補とがしっかりとコミュニケーションをとり、経営方針や考え方、価値観について摺合せをすることで、ギャップが解消されることを目指すべきです。

図表4-15 ◆超長期ビジョンと長期ビジョンとのギャップ

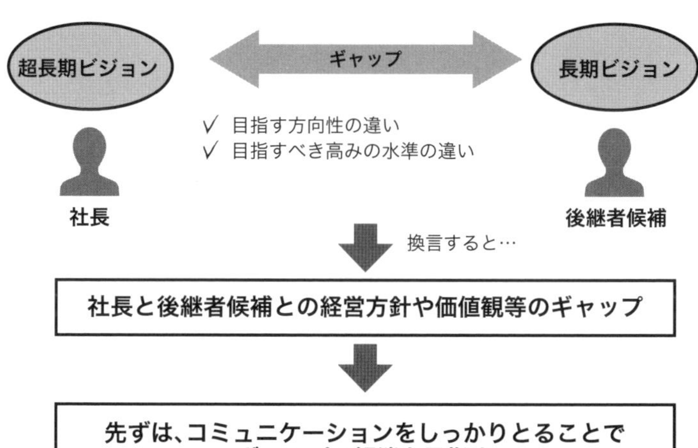

第2のギャップ:引継時のあるべき姿と中期経営計画

中期経営計画は5ヶ年の計画として策定しますので、引継時のあるべき姿は計画最終年度前後から長期ビジョンの間にあたります。これらが整合されているかどうかが、第2のギャップです。

第1のギャップが解消していれば、目指すべき方向性や高みの水準といった観点からは整合しているはずです。従って、第2のギャップは主にスピード感の違いから生じます。

より具体的に言えば、ある到達地点まで達するのに、現社長を主体としたタイミングで目指すのか、それとも後継者候補を主体としたタイミングで目指すのかの違いです。

このギャップが発生する要因の1つは、社長引退時期に対する認識のズレによるものです。社長としては5年後に引退しようと考えていても、後継者候補はまだまだ社長が続けるものと思っていても不思議ではありません。この場合には、事業承継のタイミングを後継者候補にも意識させることで解消を目指します。

もう1つの要因は外部環境や内部環境に関する環境認識のズレによるものです。社長はこの時期までにできる、やらなければならない、と考えていても、後継者候補はもっと時間がかかる、時間をかけた方が得策と思っているかもしれません。この場合は、どちらの認識が妥当であるかを分析・検証することが必要です。

図表 4-16 ◆引継時のあるべき姿と中期経営計画とのギャップ

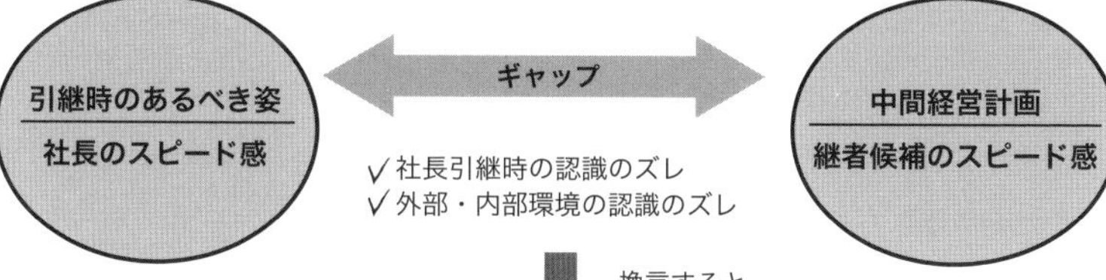

✓ 社長引継時期については、後継者候補に事業承継を意識させることが必要となる

✓ 環境認識のズレについては分析・検証が必要となる

第3のギャップ:会社との関わり方と中期経営計画

第3のギャップは、自分自身がどうしたいのか？で出した回答、特に会社との関わり方と中期経営計画とのギャップです。元々目線が全く異なるものなので、ある意味ではギャップがあって当然と言えます。

第2のギャップで挙げた社長引継時期のズレも、この第3のギャップの一種になります。社長としては5年後に引退して悠々自適に暮らしたいと考えても、後継者候補がそこまでの覚悟が出来なければ、社長引退時期を遅くする等の対応が必要となります。

また、金銭面もギャップになりやすいものです。中期経営計画で計数計画を作成しますが、そこでの計数計画と社長が今後やりたいことに必要な原資とに乖離があるような場合です。コンサルティングで社長の夢をテーマにすることはありませんが、以前、芸能関係に興味・関心の高い社長が、「引退後は地元から音楽家や芸術家を発掘して、世に送り出すような事業（この場合事業といっても営利目的ではなく公益目的）をしたい、だから会社にはもっともっと稼いでもらって、私に給料と配当を支払ってくれないと困るのですよ」と飲みながら話を聞いたことがありますが、正にこのことです。

以上をまとめると、ギャップの主な発生要因としては、1つは社長と後継者候補のコミュニケーション不足が挙げられます。別の言い方をすると、適切なコミュニケーションを図れば解消可能なギャップです。

コミュニケーション手段としては、中計経営計画策定プロジェクトでプロジェクトチームから上程・答申をする機会がありますが、これだけではコミュニケーション量として不足していますので、社長自らが飛び込んで行くウォークスルー型のコミュニケーションが求められます。

また、事業承継について意識していない後継者候補が多いと思いますので、「次世代」や「世代交代」といったキーワードを上手く織り交ぜながら意識付けを図っていくことも重要です。

一方、コミュニケーション以外のギャップ発生要因としては、外部環境、内部環境、タイミング（引退時期）の3つに関する認識のズレが挙げられます。外部環境・内部環境の認識のズレについては、分析・検証が必要となります。また、分析・検証結果次第では、引退時期や引退後の会社との関わり方が変化する可能性があります。そうした対応策を検討していくことで、社長を「いつ」承継すべきかが決まっていきます。

図表 4-17 ◆ギャップ発生要因のまとめ

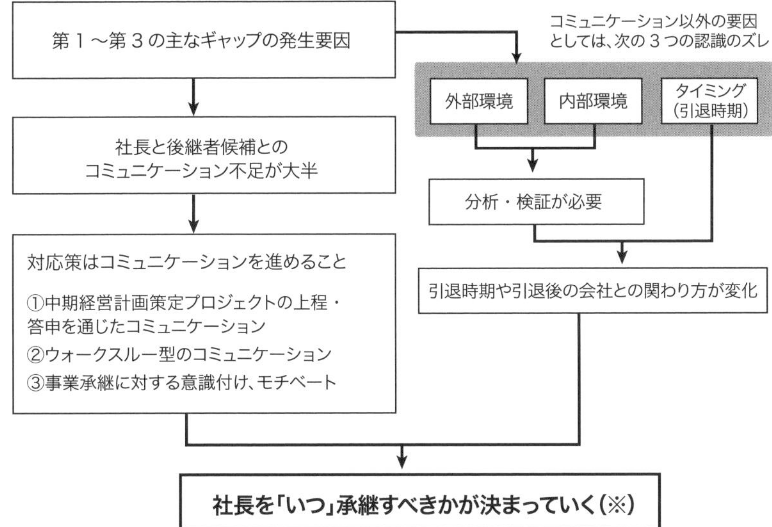

（※）但し、常に流動的である。ある時期に5年後に決めても、その後環境変化が起きれば引退時期も変化する

6 外部環境への対応策・引退時期への影響

社長への依存度が高い中小企業において、社長交代は経営不安に繋がる恐れがあります。従って、外部環境はできるだけ安定している時期に社長交代を行うのがセオリーとなります。

想定引退時期の検証

STEP1でも引退時期を検討していますので、大まかなイメージがあると思います。例えば年齢のタイミングで70歳となる5年後には社長を引退しようと想定しているのであれば、図表4-18のような視点から引退時期が妥当であるかを検証します。

図表 4-18 ◆外部環境からの検証視点

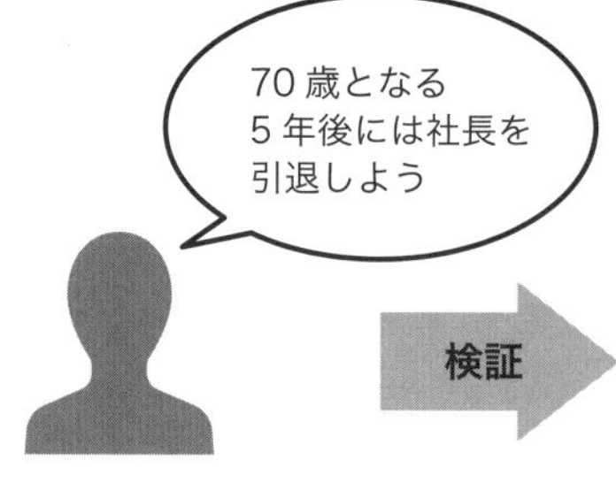

- ✓ 主要顧客の動向は？
- ✓ 競合の動向は？
- ✓ 業績の推移・見通しは？
- ✓ PEST(マクロ環境)の動向は？

主要顧客の動向

２章で取り上げたＦ社は、スズキとの取引が売上高全体の 90％以上を占めていました。当然、スズキの動向次第でＦ社の業績は大きく影響を受けますので、スズキ自体を取り巻く環境が不安定である時期に社長交代に踏み切ったのは、タイミングとしては大きな間違いでした。

Ｆ社ほどではないにしても、特定顧客に大部分の売上高を依存している企業は少なくありません。特に、B to Ｂビジネスの場合はその傾向が強いです。顧客が上場企業であれば、有価証券報告書をはじめ様々な情報を自社のホームページ等で掲載しています。決算説明会資料や中期経営計画書を掲載している場合も多いので、そうした公開情報を丁寧に読み解くだけでも顧客の動向は掴めるはずです。

競合の動向

顧客は取引があるので明確にしやすいですが、自社の競合はどこかと質問をすると明確な回答が返ってこないことが良くあります。自社（Company）、顧客（Customer）、競合（Competitor）の頭文字をとって 3C 分析と呼ばれる基本的な分析手法がありますが、それだけ常に競合を意識しておくことが必要です。

なお、近年は競合がどこであるかを捉えることは、中々難しくなってきています。業態・ビジネスモデルが常に進化し、従来の業界の垣根を越えた競争が起きているほか、あらゆる業種でグローバル化が進み、海外企業の存在感が増しているためです。

こうした状況下で競合を捉えるための手法としては、３章（図表

3-11）でも説明した5Forcesが有効です。

図表4-19◆3C分析

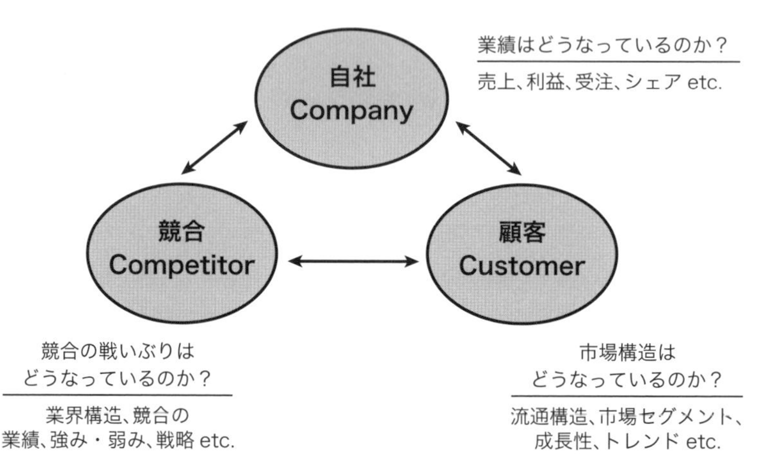

【5Forcesによる競合の捉え方】

業界内の競合他社	既存の直接的な競合のこと (例)トヨタ自動車にとっての日産自動車
新規参入者	新規に参入してくる競合のこと (例)海外企業の日本市場進出
代替品/代替サービス	直接同じ製品・サービスではないが、需要を食い合う関節的な競合のこと (例)外食と中食は「食」の需要では競合
売り手	川下展開による競合のこと (例)メーカー直販は流通にとって競合
買い手	川上展開による競合のこと (例)流通のＰＢはメーカーにとって競合

業績の推移・見通し

外部環境からの影響だけではありませんが、主要顧客や競合の動向は、結果として自社の業績に表れます。従って、業績の推移がどうなっているのかを過去10年や20年といったロングレンジで分析してみると、顧客動向・競合動向の分析結果の検証にもなりますし、見落としていた点に気づくことも良くあります。また、長期的な業績トレンドを捉えることにより、今後の見通しも立てやすくなる効果があります。

図表 4-20 ◆売上高の分析イメージ

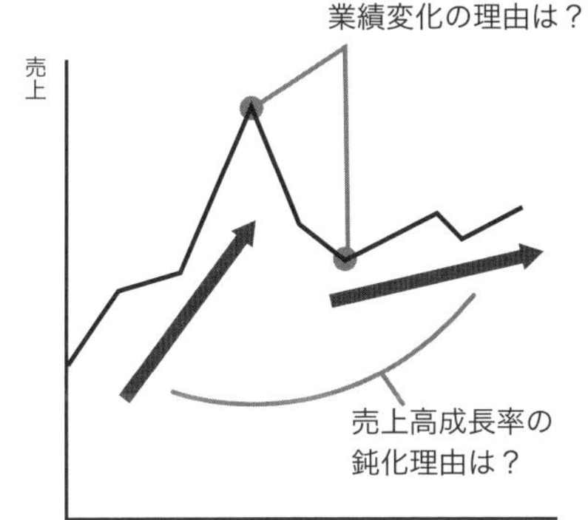

ベンチマーク分析

- ✓ 市場規模の推移
- ✓ 競合の業績推移
- ✓ 為替、金利、相場価格等の自社事業と因果関係の高い指標の推移

図表4-20は売上高の分析イメージです。この様にグラフ化して、推移を分析することはオーソドックスな手法と言えます。ポイントとしては業績変化点を捉えて理由を探ることや、売上高の成長カーブ（成長率）に着目し、成長率の鈍化理由等を探ることにあります。

また、推移分析だけではなく、外部データとの比較分析をしてみると、より理由が明確になったり、新たな発見があったりします。このような分析をベンチマーク分析と呼びます。例えば売上高が5%成長していたとしても、市場全体が8%伸びているのならば、競争に負けていることになります。仮に競合は10%以上の成長をしているならば、自社と競合との競争力は加速度的に開いていくことになります。

図表 4-21 ◆粗利率の分析イメージ

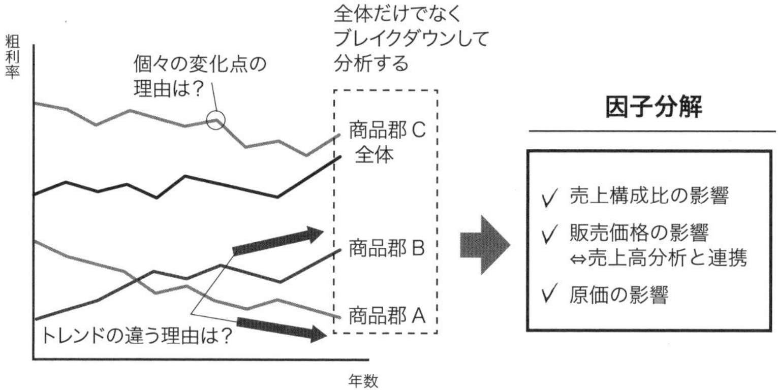

図表4-21は粗利率の分析イメージです。売上高と並んで粗利率についても分析されることは多いと思います。オーソドックスには、やはり推移分析となりますが、ここでのポイントは全体だけではなくブレイクダウンして分析することにあります。例えば、事業全体の粗利率では問題なく推移しているように見えても、主要な商品群にブレイクダウンして分析してみると、粗利率が低下している商品群や、逆に改善している商品群が見えてくるはずです。これらの要因を因子分解することで明らかにし、適切な対策を打っていくことが必要です。

売上高と比べると、粗利率は様々な要因によって上下するため、分析し難い面があります。そのため、売上高は月次で管理していても、粗利率まで月次で管理できている企業は少ないです。しかしながら、事業や商品のアラームは、売上高よりも粗利率の方が顕著に、先行して表れます。例えば、売れないから安くして売上高は維持している場合や、主要原価が値上がりして利幅が薄くなっている場合など、売上高だけではなく、粗利率を見ることで気付くことが多々あります。

PEST（マクロ環境）の動向

PEST（マクロ環境）については図表3-11で説明していますが、ここでの動向把握は、想定引退時期までに自社に与えるインパクトが大きく、かつ変化がありそうなものだけで十分です。例えば、自社業界に関する規制緩和が3年後に予定されているのであれば、規制緩和後3年間位は様子を見守る意味から社長引退時期は6年後以降にする、といった対応が考えられます。

逆に社長引退時期を早めることも考えられます。少子高齢化は以前からの流れですが、超高齢化社会の一つの節目として、団塊世代が75歳を超えて後期高齢者となる「2025年問題」が意識されるようになってきました。このような時間的にはまだ余裕がある場合には、早めに社長交代をして新体制で備えることも選択肢となり得ます。

引退時期への影響

外部環境の分析・検証から、社長引退時期への影響をまとめると、主にタイミングの問題なのか、より根本的な問題なのかに分かれます。

タイミングの問題としては、将来に何かしらのキーとなるターニングポイントがあり、それを起点に引退時期を遅くするか、早めるかの判断をすることになります。一方、より根本的な問題としては、自社の事業環境が非常に厳しい環境になっている、主要顧客が衰退しているなどの構造的な課題を抱えている状況であり、これを克服するまでは引退時期を延ばすことが基本線となります。

図表 4-22 ◆外部環境からの引退時期への影響

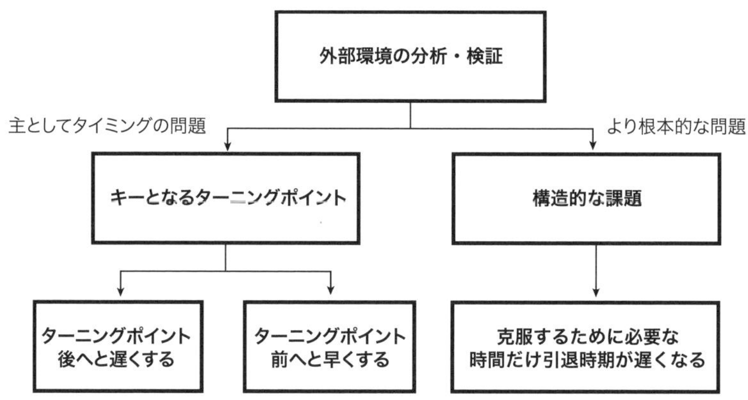

7 内部環境への対応策・引退時期への影響

内部環境への対応策として、最も重要なことは現社長への依存度を如何に薄めて行くかにあります。そのためには組織としての「型」を作り上げて行くことがポイントになります。また、後継者の能力・意欲等も当然課題となってきます。更には、M＆Ａ（買収）が今後の成長戦略の要となるような場合には、組織に与える影響が大きいため、社長引退時期を慎重に見極めることが必要となります。

図表 4-23 ◆内部環境からの検証視点

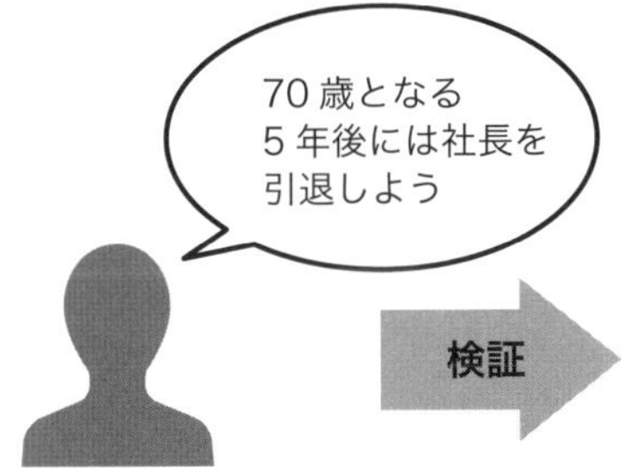

✓ビジネスモデルは陳腐化していないか（今後しそうか）？
✓組織的経営は出来ているか？
✓後継者の能力・意欲・覚悟は？
✓M＆A（買収）の可能性は？

ビジネスモデルの陳腐化

今やICT（Information and Communication Technology、情報通信技術）は特別なものではなく、どのような業界・業種においてもICTを上手く活用することは必須となっていますし、インバウンド需要に代表されるように、ドメスティックな企業であっても、グローバル化の波は押し寄せています。また、少子高齢化は労働人口減少という新たな局面に入っており、労働力を如何に確保するか、働き方改革を如何に進めるかについては、中小企業だからこそ切実な課題です。

このようなメガ・トレンドに自社のビジネスモデルが乗り遅れ、陳腐化していないか、競合他社のキャッチアップにより従来の強み、勝ちパターンが失われてきていないか、そうした兆候は見られないかを分析、検証します。その結果、ビジネスモデルが陳腐化してきているのであれば、大きな改革が必要となり、社長引退時期はその分だけ延びることになります。

組織的経営

３章でも説明しましたが、社長個人への依存度が高い属人的経営から、組織的経営に切替えていくポイントは、役割分担と意思決定構造を変革していくことです。

役割分担については、こうあるべきという組織図を描いてみることをお奨めします。組織図なら既に作成されているかとは思いますが、ここで言う組織図は、現状の組織図ではなく、こうなりたい、こうあるべきという組織図です。つまり「人」から発想するのではなく、「機能」から発想する組織図です。機能から発想した組織図を描ければ、社長個人が抱えている機能・業務を組織として落とし込むことが出来るようになります。また、こういった組織・部署を任せられる人材がいないという場合には、今後どういった人材を獲得していく必要があるのかを整理する良い契機にもなります。

意思決定構造については、取締役会を頂点とする合議制での意思決定並びに事後のモニタリングを導入していくことになります。これまで社長の頭の中で決定していれば良かった事項も、会議として経営陣で検討・共有するようにし、その成果についても事後検証するモニタリング体制を敷いていきます。このような変革をしようとすると、中小企業としては重厚過ぎる、意思決定スピードが落ちてしまう、といった抵抗にあいがちですが、ここが一中小企業で終わるのか、世間的にも認められた優良企業へと脱皮できるかの分水嶺になると思います。

この点について、IBMの実質的創立者であるトーマス・J・ワトソンは、IBMが成功した理由として下記の3つを挙げています。これらの特に②や③は、属人的経営ではなく、組織的経営を心掛けていた証と言えます。また、トーマス・J・ワトソンは、平凡な企業が突然、優良企業に変身することは出来ないとも言っています。優良企業になるためには、優良企業のような経営をする必要があるのです。

【IBMの成功理由】

①事業を立ち上げて間もない頃から、はっきりと会社の将来像を描いていた

②会社の将来像を決めた後に、その様な会社ならどんな行動をするべきだろうか？と自分に繰り返し問いかけていた

③IBMを立ち上げて間もない頃から、優良企業の経営者と同じくらいの厳しい基準をもって経営しようと心がけていた

（出所）『はじめの一歩を踏み出そう』マイケル・E．ガーバー・著　世界文化社

後継者の能力・意欲・覚悟

組織的経営を進展できたとしても、やはり社内外の顔である社長の影響力は大きく残ります。従って、後継者の能力・意欲・覚悟に何らかの課題がある場合には、例えば後継者教育等の対処期間が必要となり、社長引退時期は遅くなります。

あるいは引退後の関わり方が変わります。例えば完全引退を考えていたけれども、取締役会長として残ってサポートをしたり、場合によっては代表権を保有したりすることも考えられます。

もっとも、立場が人を作るという考え方もあります。特に意欲や覚悟と言った精神的な面については、あまり表に出さないタイプの人もいます。会社にある程度の余裕があることが前提となりますが、あれこれ悩むよりも思い切って社長を任せてみて、駄目だったら元に戻せばよい、といったフットワークの軽さが必要な場合もあるように思います。

M＆A（買収側）の可能性

ここで言うM＆Aは売却側ではなく、買収側です。M＆Aで買収するなんて一部の大企業がやることで、中小企業の自社では到底無理と考える経営者の方も少なくないですが、事業承継の選択肢に売却が出てくるということは、中小企業でも買収できるM＆A案件が増えているということでもあります。今後の成長戦略を考える上で、M＆Aは中小企業であっても有効な策になっていくと思います。

一方で、M＆Aが必ず成功裡に終わるかと言うとそうではありません。ある調査結果によると、M＆Aが成功できたとする企業は27％しかありません。そして、M＆Aの成否を分けるポイントとしては、経営トップのリーダーシップの発揮、ＰＭＩ（Post Merger

Integration：M＆A後の統合プロセスのこと）への適切な取組みが挙げられています。

従って、M＆A（買収）を行う可能性が高い状況下では、M＆A成立だけではなく、その後の統合プロセスへの関与も含め、社長引退時期は遅くなると考えられます。

引退時期への影響

以上をまとめると、内部環境からの分析・検証では、総じて社長引退時期を遅くした方が良いという判断が出てくることが多くなると思います。これは端的には「後継者がいない」というよく聞かれる悩みにも、合致するように思います。

但し、思い切って任せてみるフットワークの軽さが時には必要となる旨を記載したとおり、内部環境面が完全にクリアすることはないので、ビジネスモデルの陳腐化といった明らかなリスクを除き、社長引退時期を遅らせることが得策とは限りません。引退後の関わり方と合わせて、柔軟かつ大胆に進めてみることが必要だと思います。

8 自社株の承継時期はいつか

ここまで社長をいつ承継するかについて考察してきましたが、この章の最後として自社株をいつ承継するかについて考えたいと思います。

基本は社長引退時期＝自社株の承継時期

基本的には社長引退と同時に自社株を承継します。特に所有と経営を一致させるオーナー企業を継続する場合には、そうした傾向が強くなります。もっとも、同時とは言え１年～２年程度は前後することは良くあります。これは、株価が安く、相続税対策上有利な時に自社株を移動させた方が税務メリットの面では良いためです。

また、社長は役員・社員に承継するが、自社株は親族に承継するなどの所有と経営とを分離する場合には、社長引退時期とは関係なく自社株を移動させることも少なくありません。

自社株承継を早めた方が良いケース

自社の業績が好調で、株価（相続税評価額）が高くなっていく傾向にある場合には、主に相続税対策の観点から自社株承継を早めた方が得策となります。

例えば現時点での自社株評価額が１億円であったとします。仮に株式譲渡によって後継者に自社株を売却し、現金１億円を得れば、相続財産としては1億円で確定します。しかし、自社株を所有したままだと、自社株評価額が上昇していくため、相続財産が2億円、3億円と膨らんでしまい、相続税が高くなってしまいます。

図表 4-24 ◆株価上昇リスクの回避

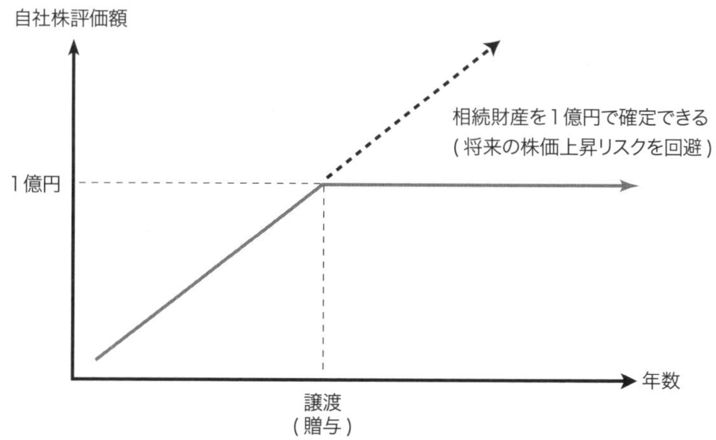

自社株承継を遅くした方が良いケース

自社株の株価（相続税評価額）が高くない、あるいは今後下がる可能性が高い場合には、急いで自社株を移す税務メリットはありません。

また、従業員持株会等の親族ではない少数株主への譲渡は、配当還元方式による株価が適用できるため、急いで移す必要はありません。これらは早めに移す必要がないという消極的な理由から、自社株承継を遅くするケースと言えます。

一方で、積極的理由から自社株承継を遅くした方が良いケースもあります。それは、後継者に社長を任せてみて、駄目だった場合への備えです。もし、社長引退と同時に自社株の大半を渡してしまうと、後継者の経営能力に問題があることが判明しても、社長を退任させることは難しくなります。そうならないように、社長引退後しばらくは自社株を所有したままにし、後継者の経営能力に問題がないことに確信が持てた時点で、自社株を承継させていきます。なお、同様の効果は種類株式を活用することでも可能です。

〔コラム〕
社長後継者をいつ決めるべきか

サクセッションプランへの関心が年々高まっています。サクセッションプランとは後継者育成計画のことで、元々は事業承継の観点から次世代の社長候補を計画的に育成していこうというものです。最近はこれに加え、経営の監督と執行を分離し、実効性のある監督を行おうとするコーポレートガバナンスの観点からも注目されています。要は執行を任せた人間の代わりとなる後継者が育成出来ていなければ、人事権を肝とする監督は実効性を持たないという考え方です。

サクセッションプランを策定する上で、必ず出てくる疑問は「社長後継者をいつ決めるべきか」というものです。通常、組織のピラミッド構造に従い、各階層での候補者を明確にしていくわけですが、当然ながら上位階層に行くほど候補者は絞られます。役員候補者位まではスムーズに進むのですが、社長後継者となると色々な意見・疑問が出てきます。よく聞かれる内容は下記のとおりです。

- ・社長後継者は一人にすべきか、それとも複数名にすべきか？
- ・社長後継者であることはオープンにした方が良いのか？
- ・長後継者の選択基準は何か？誰が選択するのか？
- ・社長後継者に漏れた人達へのケアはどうするのか？

・社長後継者が駄目になった場合はどうするのか？
・そもそも社長後継者を決める必要があるのか？
etc.

何れも必ずこれが正解という解があるわけではなく、各社の状況次第となりますが、共通して言えるアドバイスとしては、社長後継者はその時点での後継者であって、将来の社長の座を保障したものではない、ということです。この点を硬直的に考えてしまう、つまり、社長後継者と決めた時点で十中八九は社長になると考えてしまうと、サクセッションプランは上手く機能しません。実際に後継社長として就任し、短期間で退任（撤回）した事例としては、ユニクロを展開するファーストリテイリングが有名です。

【社長後継者の撤回事例】

企業名	概要
ファーストリテイリング	2002年　玉塚氏が社長就任、柳井氏は会長就任 2005年　玉塚氏が社長解任、柳井氏が社長復帰
ソフトバンク	2014年　Googleからニケシュ・アローラ氏をヘッドハンティング 2015年　孫社長の後継者筆頭候補として紹介 2016年　任期満了をもって取締役を辞任

柳井氏も孫氏も現代を代表するカリスマ経営者ですので、特有の難しさがあったかと思いますが、一度任せてみて（後継者と公表してみて）駄目だったら自分が再登板（続投）すれば良いという考え方は、一般の中小企業でも見習うべきところがあると思います。こうした考え方に従えば、先ほどの意見・疑問への解は次のように考えられます。

・社長後継者は複数名の方が良い（駄目な時の選択肢が増える）
・オープンにして後継者同志を競わせるのが理想的である
・事前の選択基準に頭を悩ますより、任せてみる大胆さ、時間的余裕を持つことが重要である（早くからサクセッションプランに着手）
・後継者は将来の社長の座を保障するものではないことを理解させる
・自身の再登板（続投）を含め、選択肢を広く用意する
・社長後継者を決めてみないと何も始まらない

第5章

オーナー企業として引き継ぐ場合

親族へ自社株を承継するための実務。
「譲渡・贈与・相続」に加え、「資産管理会社」や
「社団法人・財団法人」などの活用まで

STEP3：自社株の移し方を決定（親族に承継）

本章と次章の６章では、「STEP3：自社株の移し方を決定」について説明します。これは２章でリスク類型化した『「どの様に」が甘かった』に対応します。本章ではオーナー企業として、親族へ自社株を承継する場合を取り上げます。親族内承継は近年減少傾向にありますが、オーナー企業にとっては、まだまだ有力な選択肢の１つと言えます。

固まったビジョンに向けて実務を行う

ここまでのSTEPでは、「誰に」「いつ」承継するかを、主に会社経営の観点から考察してきました。次世代に引き継ぎたい会社のあるべき姿、それを実現するために必要な社長と自社株の承継方針が固まったかと思います。STEP3では、その方針を「移し方」として具体化していきます。

「誰に」の詳細決定

親族への自社株承継、例えば子供に承継させると決定しても、より詳細に決めるべきことがあります。その一つが、後継者個人が直接所有するか、法人を通じた間接所有にするかです。この点については次項で詳しく解説します。

また、経営権として大半の自社株は子供に承継させる場合であっ

図表 5-1 ◆ STEP3 詳細

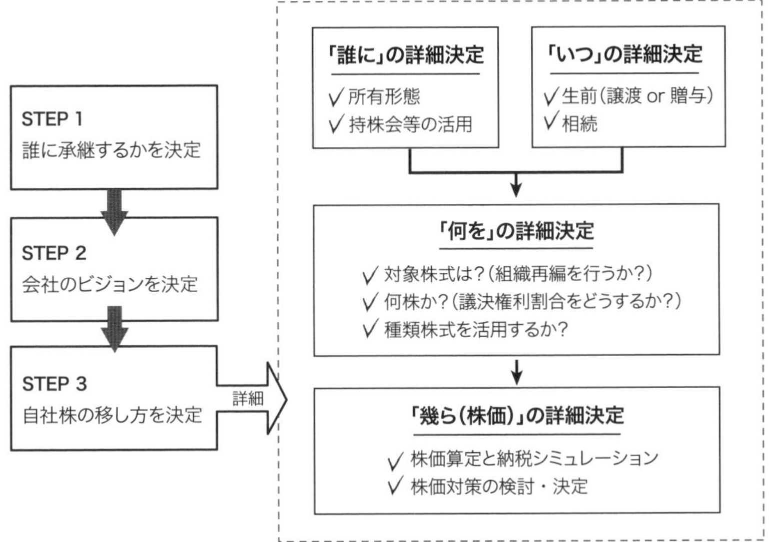

ても、一部は従業員持株会等で所有することも考えられます。ある程度の株式分散は、相続税対策として有効である他、従業員が株式を所有することにより、従業員の経営参画意識が高まる、配当を通じた財産形成が期待できる、といった効果があります。

さらに、自社株を自己株式として会社に売却するということも考えられます。自己株式には議決権が認められませんので、株主総会決議での議決権割合を算定する上での分母を減らすことができます。その結果、後継者となる子供の議決権割合が高まる効果があります。

図表 5-2 ◆自社株の譲渡先

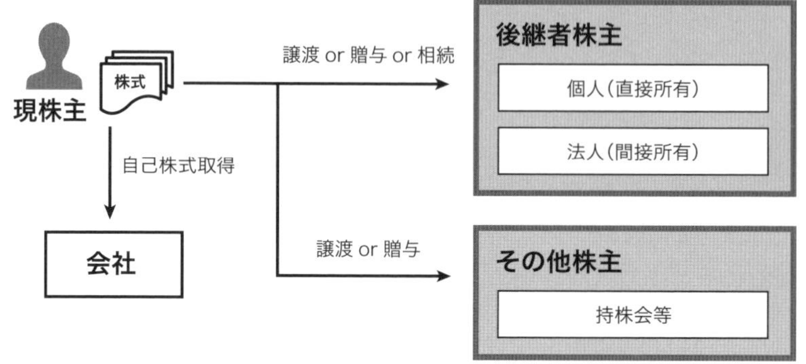

「いつ」の詳細決定

自社株の承継時期については、大きくは生前か死亡時かで分かれます。オーナー企業として、例えば子供に社長も自社株も承継させる場合、社長承継のタイミング等で生前に移動する場合もあれば、自社株は移動させずに死亡時に相続する場合もあります。この点については、4章で説明したとおり、自社株の株価次第での判断となります。

生前での移動手段としては、譲渡いわゆる売買と、贈与とがあります。何れも誰に承継させるか、いつ承継するかは自由に選択することができます。譲渡によって株式譲渡益が生じた場合には、出し手側に譲渡所得課税がなされます。これは分離一律課税の20.315%で計算されます。贈与の場合には、受け手側に贈与税が課されます。暦年贈与であれば最高で55%の税率が課されます。

単純に税率だけ比較すると、譲渡で移動させた方が得のように見えますが、譲渡をしても出し手の財産は自社株から現金に置き換わるだけで減少するわけではありません。そのまま売却によって得た現金を死亡時まで保有していれば、相続税（最高税率は贈与税と同じく55%）が課されることになり、必ずしも得とは言えません。また、受け手側は株式購入資金を調達する必要がありますので、株価によっては現実的ではなくなります。

死亡すると相続が自動的に発生します。亡くなった方の財産を配偶者や子供などの親族が財産を引継ぐことを相続と言います。対して遺贈とは、遺言書を書くことによって、相続財産を法的に定められた相続人以外にも無償で残すことを言います。例えば生前お世話になった人に遺産を残すこともできますし、近年は、社会貢献と節税の両方のメリットから遺贈寄付する方も増えています。

図表 5-3 ◆自社株の承継時期に応じた手段

	譲渡	贈与	相続（遺贈）
時期	生前の任意時期	生前の任意時期	死亡時
承継者	選択できる	選択できる	遺言により選択できる（但し、遺留分がある）
税金（出し手）	譲渡所得課税（分離一律 20.315%）	—	—
税金（受け手）	—	贈与税	相続税
課題	株式購入資金の調達	贈与税の納税資金確保	相続税の納税資金確保

「何を」の詳細決定

当然、「自社株」を承継するわけですが、現組織体制から組織再編を行うのか、株式数（議決権割合）はどうするのか、種類株式は活用するのかなどの詳細を決める必要があります。

承継時の組織再編として、日本の競走馬生産で圧倒的な存在である社台ファームとノーザンファームの二大牧場を事例に取りあげます。元々は同じ社台ファームでしたが、創業者の吉田善哉氏が亡くなられた際に、社台ファーム、ノーザンファーム、白老ファームの３つに分割し、社台ファームは長男の吉田照哉氏が、ノーザンファームは次男の吉田勝己氏が、それぞれ相続しました。

分割を選択された理由は定かではありませんが、当時既に他の追随を許さない存在感を誇っていた社台ファームをそのまま引継いでいては、現状に甘んじてしまい、今日のような発展は難しかったのではないかと思います。同じ社台グループとして連携・協力しながらも、身近なライバルとして切磋琢磨しあう今の環境を築いた分割は、何を引継ぐべきかを熟考した結果ではないかと推察します。

「幾ら（株価）」の詳細決定

自社株を移動させるには、株価が決まらないと移動できません。株価は既に説明してきたとおり、相続税評価額として決められたルールに従い算定されますが、その株価が幾らになるのか、その場合の相続税等の納税金額は幾らになるのかをシミュレーションしておくことが必要です。

また、通常は何かしらの株価対策を行った上で自社株を移動させます。どういった株価対策が有効であるか、どの程度の節税効果が期待できるのか、それらにより納税資金確保に問題は起きないか、といったことを検討し、具体的な株価対策まで決定しておく必要があります。

資産管理会社の活用

間接所有する場合には、事業会社とは別にオーナー家の資産管理会社を設立し、資産管理会社が事業会社の株式を所有します。3章で紹介したJ社の事例（図表3-2）が該当します。

資産管理会社を活用するメリット

自社株の原則的評価方式である純資産価額方式、類似業種比準方式の株価を低く抑える効果があり、相続税対策として有効な点が資産管理会社を活用するメリットです。

純資産価額については、純資産を算定する上で資産の含み益の37％を控除することができます。例えば、現在1億円の自社株が、相続時には5億円に上昇している場合、個人が直接保有していると5億円が純資産価額方式による相続税評価額となりますが、法人を通じて間接所有していると、含み益4億円（5億円－1億円）の37％である1億4800万円を控除した3億5200万円（5億円－1億4800万円）が相続税評価額となり節税効果を得られます。

こうした効果は何も自社株に限らず、他の金融資産や不動産にも言えます。今後、時価が上昇することが期待できる資産については、個人で直接所有するのではなく、会社を通じて間接所有しておいた方が、相続税を節税できるメリットがあります。資産管理会社と呼ばれる所以は、ここにあります。

類似業種比準価額については、より大きな節税効果を得られる可能性があります。事業会社が高収益の場合、個人で直接所有していると、その高収益が類似業種比準価額の算定上反映されるため、株価が高くなります。しかし、会社を通じた間接所有であると、事業会社の高収益は、個人が所有している資産管理会社の類似業種比準価額には反映されません。あくまで資産管理会社の収益力のみが反映されます。事業会社が何億、何十億と利益を稼いでいたとしても、資産管理会社が低収益であれば資産管理会社の類似業種比準価額は高くなりません。

また、これは必ずしも株価引下げに繋がるとは限りませんが、事業会社の業種と管理会社の業種は全く異なるものになります。例えば、事業会社が製造業であっても、資産管理会社の主たる収益が事業会社に工場を貸す賃貸収入であれば、不動産賃貸業として類似業種比準価額を算定することになります。

図表 5-4 ◆類似業種比準方式におけるメリット

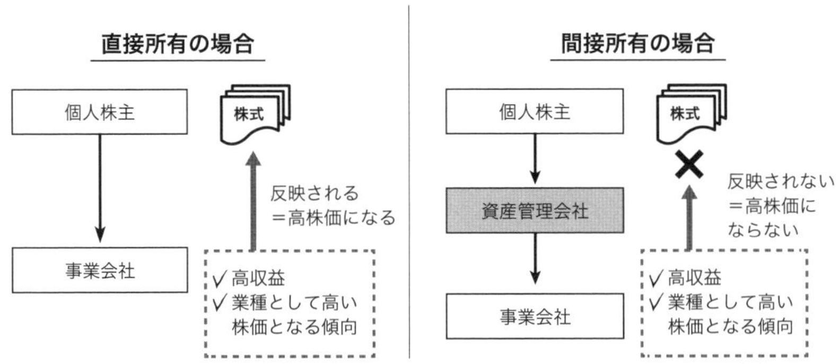

但し、これだけ大きな類似業種比準価額方式のメリットを得るためには、大きく２つの壁をクリアしなければなりません。

１つめは、株式保有特定会社に該当しないようにすることです。

株式保有特定会社は1章で説明していますが、相続税評価額ベースで50%以上が株式等である会社のことです。この株式保有特定会社に該当すると間接所有による類似業種比準方式のメリットは、殆ど享受できなくなります。

もう1つの壁は、出来るだけ会社規模を大きくすることが必要です。こちらも1章で詳しく説明していますが、会社規模が小会社に該当すると、併用方式で認められる類似業種比準価額の割合は50%となります。つまり、類似業種比準方式のメリットは半減してしまいます。

株式保有特定会社に該当しないための対応

これらの壁をクリアするため、N社では資産管理会社について、下記のような対策を行いました（図表5-5）。

先ず株式保有特定会社を外すために、一般向けの賃貸不動産を購入し、株式等が総資産に占める割合を50%未満にしました。この際に留意すべきことは、課税時期前3年以内に取得した不動産を除いて、相続税評価額による割合計算となることです。

例えば、自社株の相続税評価額が3億円の場合、時価3億円の不動産を購入しても、相続税評価額ベースでは株式等の割合は50%未満とはなりません。通常、不動産の相続税評価額は時価よりも低いためです。

従って、株式等以外の資産を購入することで、恒常的に株式保有特定会社に該当しないようにする場合には、購入資産の相続税評価額が幾らになるかを確認しておくことが重要となります。

なお、特定会社には土地保有特定会社もありますので、株式評価額に対して、あまりにも高額な不動産を購入してしまうと、株式特定保有会社は外れたけども、土地保有特定会社に該当してしまった、というような顛末もあり得ますので、注意が必要です。

次に会社規模ですが、N社の本業は製造業であったため、機械設備の保守・メンテナンス機能を資産管理会社に移管し、事業会社（N社）から保守・メンテナンスフィーを得るようにしました。これにより、従業員を5名超雇用する状況を作れたため、会社規模は小会社ではなく、中会社の小に該当することとなり、併用方式での類似業種比準価額の割合を60%にまで引き上げることができました。

なお、この事例では一般向けの賃貸不動産を購入していますが、事業会社で使用する不動産（N社であれば工場や物流拠点等）を、オーナー個人が所有し、事業会社に賃貸している状況であれば、オーナー個人から資産管理会社へと当該賃貸不動産を移管することで、株式特定保有会社を外すことも考えられます。一般向けの賃貸不動産業には不安がある場合には、そうした対策がお奨めです。

図表 5-5 ◆株式保有特定会社を外した事例

当初の貸借対照表イメージ

資産	負債・資本
現金預金等	負債
株式	資本

✓ 不動産購入
✓ 保守・メンテナンス機能を移管

対策後の貸借対照表イメージ

資産	負債・資本
現金預金等	負債
不動産（土地・建物）	
株式	資本

問題点

- ✓ 資産の大半が株式であるため株式保有特定会社に該当
- ✓ 従業員が少なく、売上もないため、小会社の規模

効果

- ✓ 総資産に占める株式の割合が50%未満となり、株式保有会社から外れる
- ✓ 従業員を5人超雇うことで中会社の小に該当

資産管理会社の設立スキーム

一般的な3つのスキーム

ここまで資産管理会社を通じた間接保有のメリット、株式保有特定会社に該当しないようにするための工夫などについて説明いたしました。

それでは、肝心の資産管理会社はどのようにして設立すれば良いのでしょうか。一般的な設立スキームとしては以下の３つが考えられます。

①会社設立＆株式譲渡スキーム
②株式移転スキーム
③会社分割スキーム

会社設立＆株式譲渡スキーム

会社設立＆株式譲渡スキームは単純で、①資産管理会社となるＹ社を通常の会社設立と同様に株主乙が新設し、②Ｙ社に対して株主甲が保有する事業会社Ｘ社の株式を譲渡する方法です（図表5-6）。

このスキームのメリットは、資産管理会社Ｙ社を設立する際に、株主構成を新たに作り直せることです。つまり、現状の株主甲（例：現社長）からスキーム実行後は株主乙（例：後継者となる子供）へと自社株承継も同時に完了出来ます。

一方、デメリットとしては、資産管理会社Ｙ社で株式購入資金を調達する必要があります。調達先としては、株主乙が出資をするか、銀行等から借入をするかが考えられます。また、株主甲においては、株式譲渡益に対して譲渡所得課税がなされます。

図表 5-6 ◆会社設立＆株式譲渡スキーム

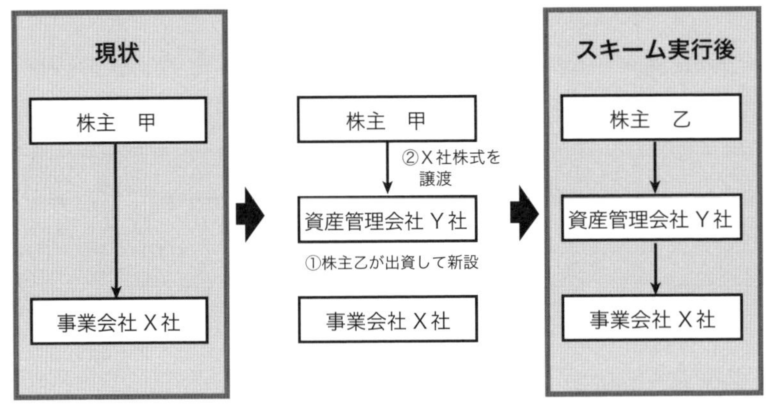

株式移転スキーム

株式移転とは、完全親子関係（100％所有関係）を構築するために、完全子会社になろうとする会社（Ｘ社）の株主甲が、完全親会社（Ｙ社）を新設するために、その保有する株式を提供し、新設会社（Ｙ社）から株式の割当を受ける方法です（図表5-7）。

このスキームのメリットは、株式移転に伴い交付金銭なしの要件を満たした場合には、株主の譲渡益課税が繰延べされることです。

先ほどの会社設立＆株式譲渡では、株主甲に譲渡所得が課税されましたが、このスキームでは譲渡がなかったものとみなされ、所得税の確定申告も不要となります。

一方、デメリットとしては、現状と株式移転後で株主構成は同じままです。従って、自社株承継は株式移転実行後に、株主甲がもつＹ社株式を後継者に移すことが必要となります。

図表 5-7 ◆株式移転スキーム

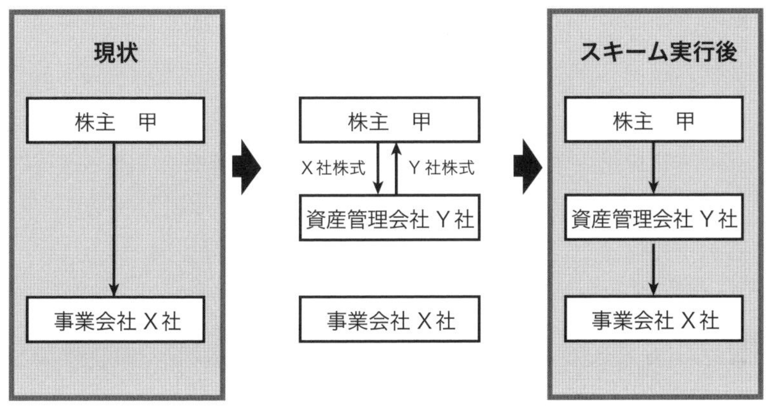

会社分割スキーム

会社分割には、吸収分割と新設分割の２つがあります。吸収分割とは、会社がその事業に関して有する権利義務の全部または一部を分割後他の会社に承継させることを言います。新設分割とは、会社がその事業に関して有する権利義務の全部または一部を分割により新たに設立する会社に承継させることを言います。

更に、分社型分割と分割型分割の２つの方法がありますが、資産管理会社を設ける場合には、新設分社型分割によって既存の事業会社X社の子会社Y社を分割によって設立し、事業会社X社が営む事業をY社に移管します。X社はその対価として、Y社株式を取得します（図表5-8）。

このスキームのメリットとしては、税制適格要件を満たす場合には、事業移管に伴う資産・負債の承継は簿価によって引継ぐことが出来ますので、法人税課税が生じません。また、株主甲にも特段の課税関係は生じません。

一方、デメリットとしては、株式移転と同様にスキーム実行後も株式構成は同じままであるため、自社株承継は会社分割後に実施する必要があります。加えて、事業会社Y社は新設会社となるため、許認可等は原則としてY社で新たに取得する必要があります。

なお、会社分割は2001年から開始された制度であり、背景としてはバブル崩壊以降の長引く不況の中で、事業再編を行いやすくす

図表5-8 ◆会社分割スキーム

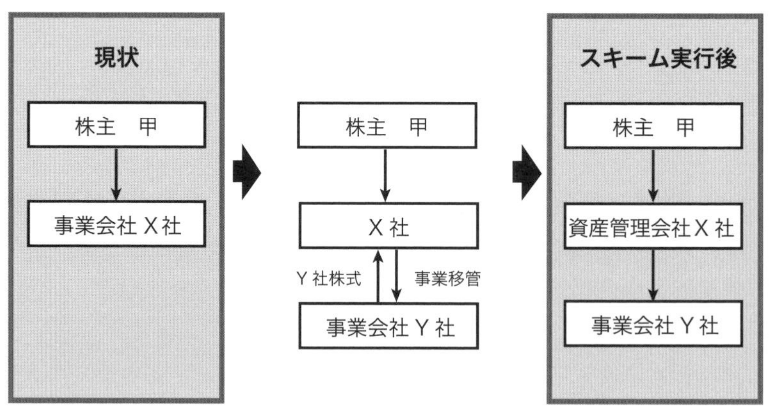

ることで企業の競争力を高める意図のもとに創設されました。具体的には、企業の不採算部門の切離しや、異なる企業間で同一の事業部門をお互いに分離・統合してスケールメリットを求める場合などに利用されています。

そのため、事業承継時の活用においても、図表5-8のような単純な資産管理会社設立スキームだけではなく、分社化経営を志向していく際にもよく利用されています。

例えば、会社にA事業、B事業の2つの事業があり、兄弟に継がせる場合、単純な承継としては、現組織体制のまま兄弟に自社株を共同所有するよう承継するわけですが、分割型分割を活用して、A事業をA社、B事業をB社というように会社を2つに分けた上で、A社株式は兄へ、B社株式は弟へというように、完全に分けた形での承継の仕方も考えられます。また、資産管理会社を設立することも並行することで、持株会社体制にまで発展することも考えられます（図表5-9）。

こうした分社化経営の活用は、事業特性や後継者達の志向・相性等によって判断されるべきものであり、税務メリットの追求だけでむやみに分社化することは本末転倒です。

また、単純に会社数が増えることは、事務管理コストの増加に繋がりやすい他、全体での業績把握が難しくなることも想定されます。そうした事態を招かないよう、分社化経営を推進する場合には、グループ全体での管理機能の設計、連結業績を把握できるようにするための管理会計の構築、グループ法人税制や連結納税に対応できるだけの税務面からのバックアップ、といったことへの留意が必要です。

図表 5-9 ◆分社化経営の活用

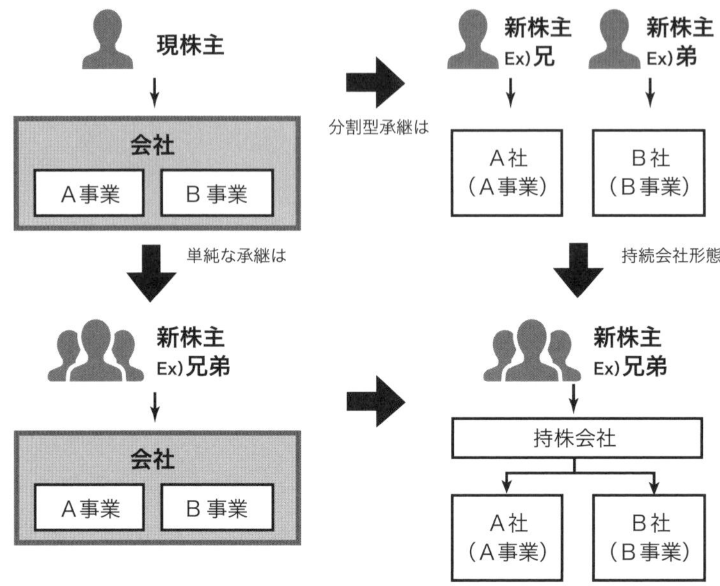

4 自社株の移動方法

自社株の移動方法には、生前に移動させる譲渡及び贈与、そして死亡による相続（遺贈含む）があります。相続は時期が選択できないため、結果的に高い株価で自社株を相続することになるリスクがあります。

また、自社株に限りませんが、遺産相続を巡る争いにまで発展してしまうこともあり得ます。従って、相続税対策という意味からも、相続を「争続」にしないためにも、自社株の移動は生前での譲渡もしくは贈与が基本となります。

相続が発生するとどうなるのか

先ずは相続が発生すると、どの様なタイムスケジュールで手続きを進めて行く必要があるのかを説明します。ポイントになるのは死亡日から3ヶ月以内と10ヶ月以内です。

相続の放棄・限定承認期限は、死亡日から3ヶ月以内となります。そのためには、相続人の確定作業、相続財産・債務の把握、遺言書がある場合には検認開封手続きを行います。そうした作業から、相続財産より債務の方が多いといった場合には、相続放棄（相続そのものを拒否）か限定承認（プラスの遺産の範囲内でマイナスの遺産も相続する）を選択します。また、被相続人（故人）の死亡年の1月1日から死亡日までの所得について、4ヶ月以内の準確定申告・納付が求められます。

そして、相続税の申告・納付は死亡日から10ヶ月以内です。その間に相続財産・債務の評価、相続税の計算、納税資金の準備、遺産分割協議等を行います。自分の親が亡くなって、精神的にも辛い時期に、これだけの慣れない作業を行うことは、あまり余裕のないタイムスケジュールだと思います。

【相続のタイムスケジュール】

死亡日から3ヶ月以内	相続の放棄・限定承認期限
同4ヶ月以内	所得税の準確定申告・納付
同10ヶ月以内	相続税の申告・納付

譲渡のメリット・デメリット

生前での自社株移動で最も単純な手法は譲渡、つまり売買です。子供に譲渡する場合は、基本的には原則的評価方式による株価となりますので、後述するような株価対策を実施した上で、譲渡をします。

譲渡によるメリットは、その時点で自社株が移動しますので、その後の株価上昇リスクを回避することができます。業績が好調で、将来的に株価の値上がりの可能性が高い場合には有効です。また、売却側は自社株を資金化することができます。これは自由にお金を使えるという意味以外にも、遺産分割での遺留分への対策としても有効です。

例えば、相続財産の大部分を自社株が占めるような場合において、相続人の一部に集中して自社株を相続させると、他の相続人から遺産分割が不公平だとする不満が出て来やすくなります。最悪の場合、遺留分を主張され、自社株の一部を渡したり、価額弁償（金銭によって遺留分を支払う）したりすることが必要となります。自社株を渡せば、今後の会社経営に何かしらの支障を来すかもしれませんし、価額弁償となれば、計画外の資金調達が必要となってしまいます。

譲渡によって自社株を資金化しておけば、自社株は既に後継者に移動しており、相続財産は資金化した現預金の残りとなります。これを相続人で公平に配分することは難しいことではありません。後継者の資金調達が必要であることには変わりありませんが、計画的に購入資金として調達するのと、相続発生後に慌てて遺留分の価額弁償を行うために資金調達するのとでは、銀行折衝のハードルは大きく異なります。

一方、デメリットとしては、先ず売り手側に株式譲渡益に対する譲渡所得課税がなされます。また、株価対策を行うとはいえ、後継者が株式購入資金を調達できなければ実行することは出来ません。

【譲渡のメリット・デメリット】

メリット	デメリット
①株価上昇リスクの回避 ②自社株の資金化 ▶創業者利潤の確保 ▶遺留分への対策	①売り手側への譲渡所得課税 ②買い手側となる後継者に株式購入資金の調達が必要

暦年贈与のメリット・デメリット

贈与税の課税は、「暦年課税」と「相続時精算課税」の２つの課税制度があります。通常、贈与といってイメージするのは暦年課税制度による贈与のことです。

暦年贈与のメリットは、贈与を受ける人毎に毎年110万円までは贈与税は課税されない点です。毎年コツコツと複数の人へ贈与することで、自社株を移動させます。贈与を受ける人に制約はないため、孫に対しても子供と同じように贈与できます。因みに孫に遺贈することを「一代飛ばし」と言いますが、この場合は相続税が2割増しとなります。

一方、デメリットとしては、一般税率の場合は3,000万円超で55%の税率となるため、多額の自社株を移動させることには向いていません。また、コツコツ贈与を進めていても、相続開始前3年以内の相続人等への贈与は相続税の計算に含まれるため、早めの対応が必要です。

図表5-10◆暦年贈与の活用例

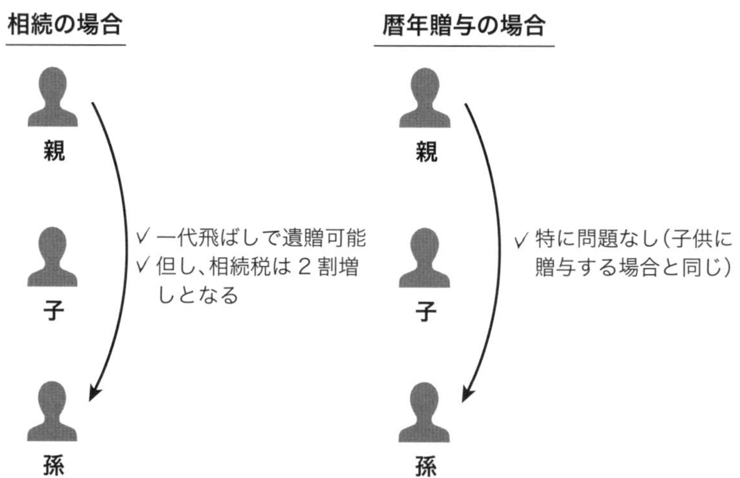

相続時精算課税贈与のメリット・デメリット

相続時精算課税制度は、親子間の財産早期移転により、経済を活性化させようという意図から創設されました。この制度は、受贈者の選択により、従来の暦年課税制度に代えて、贈与時に贈与財産に対する贈与税を支払い、その後の相続発生時に贈与財産と相続財産を合算して相続税を計算し、既に支払った贈与税を控除して納税する制度です。

先にデメリットからの説明となりますが、この制度は受贈者の選択制であり、一度選択すると暦年課税へ変更することは出来ません。また、選択できる場合は原則として下記のとおり限定されており、誰でも選択できる訳ではありません。なお、贈与する資産については、特に制限はありません。

【相続時精算課税を選択できる場合（年齢は贈与年の１月１日時点）】

贈与者：60 歳以上（住宅取得等資金の贈与の場合には特例あり） 受贈者：20 歳以上の子または孫

次にメリットですが、贈与時の取扱いとしては、累積で 2,500 万円までは贈与税が課税されません。また、2,500 万円を超えた部分に対しても一律 20％の税率での課税となります。暦年課税が累進税率で高くなっていくのに比べると、多額の財産を贈与によって移動させたい場合に、メリットが大きいと言えます。

【贈与時の取扱い】

1．贈与財産の価格から控除する金額 特別控除額 2,500 万円（控除額に達するまで複数年に渡り利用可） 2．税額 特別控除額を超えた部分に対して一律 20%

なお、相続時精算課税制度という名称通り、贈与財産は贈与時の価額によって相続財産に加算され、支払った贈与税は相続税から控除されることで「精算」します。ポイントは贈与時の時価で相続財産を計算する点で、譲渡と同じく、株価上昇リスクを回避することが出来ます。

【相続時の取扱い】

贈与者が亡くなった時の相続税の計算上、相続財産の価額に相続時精算課税を適用した贈与財産の価額（贈与時の価額）を加算して相続税額を計算し、既に支払った贈与税相当額を相続税額から控除する。なお、控除しきれない金額は還付を受けることができる。

以上をまとめると、相続時精算課税のメリット・デメリットは下表のとおりです。

【相続時精算課税のメリット・デメリット】

メリット	デメリット
①株価上昇リスクの回避 ②後継者に資金がなくても多額の自社株を移動しやすい	①一度選択すると、暦年課税制度が利用できない ②選択できる場合が制限される

5 自己株式の取得

ここまで、現株主から後継者株主（典型的な例としては親から子供）への譲渡や贈与について説明してきましたが、自社株の譲渡先としては図表5-2で示したとおり「会社」が自己株式として取得する場合も考えられます。

自己株式取得の手続き

自己株式の取得は、債権者保護や株主平等原則の観点から、原則として禁止されてきました。方針転換がなされたのは2001年の商法改正で、配当可能利益の範囲内であれば自己株式を取得することが可能となりました。当時のニュースでは、金庫株解禁というワードが繰返し使用されていましたので、金庫株という表現の方が馴染み深いかもしれません。

自己株式の取得は分配可能額を財源とする剰余金の配当的な性格として考えられているため、先ずは株主総会決議が必要となります。

【株主総会での決議事項】

①買い受けることができる「株式の種類、総数、取得価額の総額、期間（1年を超えることはできない）」
②特定の者から買い受けるときは「特定の者」 ※特別決議が必要
③相続人等に対し売渡し請求を行うときは「取得株式の数、相続人

等の氏名」　※特別決議が必要

株主総会により決議された自己株式取得の枠の範囲内（上記①）で、取締役会決議により定めた一株当たりの取得価格等を各株主へ通知し、各株主が譲渡を申込み、これに会社が応ずることで自己株式取得が行われます。なお、上記②の「特定の者」から買い取る場合に、他に売却を希望する株主がいる場合には、売主に加えることが必要となります。

自己株式の保有

会社法上、自己株式の保有期間に制限はありません。また、保有する自己株式には、議決権やその他の共益権、剰余金分配請求権、残余財産分配請求権はありません。従って、実質的には消却してしまっているのと殆ど同じと言えます。

会計上は、貸借対照表の純資産の部で自己株式としてマイナス表記されますので、自己株式として取得した分だけ純資産は減少します。

何れも大きな問題とはならないため、自己株式を取得した場合、そのまま保有し続けるのが一般的です。

自己株式の取得に関する税務

自己株式の取得は、処分可能額を財源とする剰余金の配当的な性格として考えられていることから、売却株主側では原則として、「みなし配当（資本金等を超える部分）」として取扱われます。従って、売却株主が個人株主の場合は、総合課税の上、配当控除が適用されます。法人株主の場合は、受取配当金の益金不算入規定が適用されます。

【自己株式取得の売却株主側の税務（原則)】

個人株主：総合課税となるため、所得状況によって税率が高くなる 法人株主：受取配当金の益金不算入が適用される（※）

（※）保有割合等によって益金不算入の割合が異なる。100%グループ内法人からの受取配当金であれば全額益金不算入となる。

なお、下記に該当する場合には、みなし配当課税は行われず、通常の譲渡益として取扱われます。個人株主であれば、譲渡所得課税として税率20.315%での課税となりますので、みなし配当として総合課税される場合に比べ、税務メリットは大きくなります。特に、下記②は相続税の納税資金確保として有効な対策であり、自己株式取得については生前ではなく、相続後に実行した方が得策です。

【自己株式取得の売却株主側の税務（例外)】

①上場株式等を市場で売却した場合（対象は個人株主及び法人株主） ②相続税を納付すべき相続人が、相続により取得した株式を相続の申告期限から３年以内に発行会社に譲渡した場合

自己株式の株価

自己株式を取得する際の適正な株価は、売却株主側は個人であれば所得税法上の時価、法人であれば法人税法上の時価、自己株式取得法人側は法人税法上の株価となります。言葉遣いは異なりますが、所得税法上の時価と法人税法上の時価とは同一と考えられます。また、詳細な説明は割愛しますが、一定の留保条件の下に、相続税法上の評価方式によった計算を行うことができます。

自己株式を時価よりも安い低廉譲渡や贈与を行った場合には、先ず自己株式取得法人側では受贈益課税がなされます。次に株主側では、個人株主の場合、時価の１／２未満であると「時価によるみなし譲渡課税」がなされます。これは、実際の譲渡価額とは関係なく、時価で譲渡したものとみなして譲渡所得を計算し課税するものです。法人株主であれば寄付金の問題がでてきますので、何れもデメリットばかりです。更には、株主間贈与が認定されるリスクもありますので、自己株式取得として低廉譲渡や贈与することは得策ではありません。

6 非上場株式に係る相続税・贈与税の納税猶予制度

中小企業における経営の承継の円滑化に関する法律

中小企業の事業承継が大きな課題であることは国も認識しており、様々な支援策を打ち出しています。その中核となるのが「中小企業における経営の承継の円滑化に関する法律（経営承継円滑化法）」です。この法律は2008年に施行され、事業承継における課題の解決策として、次の３つの特例が創設されました。本項ではこの内、事業承継税制と呼ばれる③非上場株式に係る相続税・贈与税の納税猶予制度を説明します。

①遺留分に関する民法の特例
②金融支援制度
③非上場株式に係る相続税・贈与税の納税猶予制度（事業承継税制）

事業承継税制の概要

事業承継税制とは、中小企業の後継者が先代経営者からの贈与、相続（遺贈含む）によって取得した非上場株式に係る贈与税・相続税の一部を納税猶予する制度です。この制度を活用することにより、中小企業にとって大きな問題であった事業承継時の税金負担が緩和されることが期待されています。

この制度を活用するためには、①対象会社、②先代経営者、③後継者について、それぞれの要件を満たし、都道府県知事の認定を受けることが必要となります。詳細は後述しますが、上場会社や大企業（中小企業者要件を満たさない企業）では、本制度を活用することはできません。

また、相続税の納税猶予の対象は発行済議決権株式等の２／３までとなります。残りの１／３については、納税猶予制度が適用されませんので、本制度を活用しても、相続税の心配がなくなるわけではありません。

なお、贈与税の納税猶予制度と、相続税の納税猶予制度は別々であるため、贈与税の納税猶予を受けている場合でも、相続税の納税猶予を受けるかどうかは選択できます。例えば、贈与税の納税猶予期間中に、贈与者である先代経営者が死亡した場合には、猶予されていた贈与税は免除された上で、贈与を受けた株式等を先代経営者から相続または遺贈により取得したものとみなして相続税が課税されます（贈与時の価額で計算します）。その際、都道府県知事の確認（切替確認）を受けることで、相続税の納税猶予を受けることができます（図表5-11）。

図表 5-11 ◆贈与税・相続税の納税猶予の関係

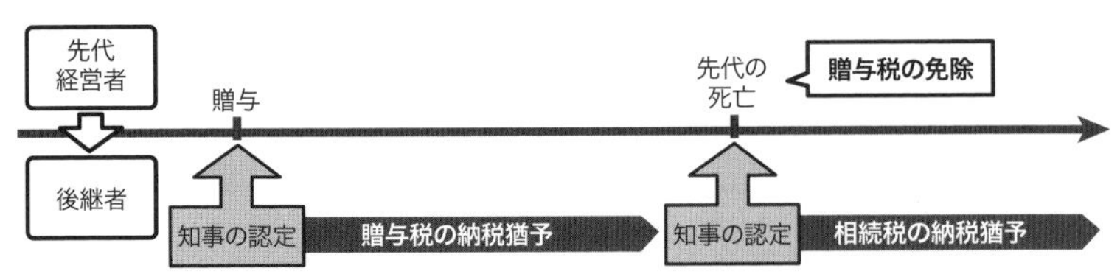

（出所）中小企業庁「中小企業経営承継円滑化法　申請マニュアル」

最後に「納税猶予」の意味ですが、猶予という言葉通り、納税することを待ってあげるという意味です。従って、後述する一定の要件を満たせなくなると、納税しなければなりません。必ずしも納税が免除されるわけではありませんし、場合によっては利子税が発生しますので、注意が必要です。

もちろん、納税が免除される場合もあります。例えば、1代目の相続時に2代目が相続税の納税猶予制度を選択し、その後、2代目が死亡すると、猶予されていた1代目の相続税は免除されます。この場合、3代目が相続税の納税猶予制度を選択するかは自由であり、資金に余裕があるのであれば納税してしまうことも考えられます。このように免除にまで達すれば、節税効果は大きくなります。

対象会社の主な要件

贈与税または相続税の納税猶予制度の適用対象会社となるためには、贈与時または相続開始時に以下の要件等を満たす必要があります。

①中小企業であること
②上場会社、風俗営業会社に該当しないこと
③資産保有型会社等ではないこと

中小企業の定義は、図表5-12のとおり中小企業基本法上の定義を基に一部拡大されています。また、資産保有型会社等とは、有価証券や自ら使用していない不動産等が総資産の70%以上ある会社や、これらの特定資産からの運用収入が総収入の75%以上を占める会社を言います。

何れの要件も、一般的な非上場企業で事業実態のある会社であれ

ば、満たすことはそう難しくはないと思います。

図表 5-12 ◆中小企業の定義

中小企業基本法上の中小企業者の定義

	資本金 又は	従業員数
製造業その他	3億円以下	300人以下
卸売業	1億円以下	100人以下
小売業	5千万円以下	50人以下
サービス業		100人以下

政令により範囲を拡大した業種（灰色部分を拡大）

	資本金 又は	従業員数
ゴム製品製造業（自動車又は航空機用タイヤ及びチューブ製造業を除く）	3億円以下	900人以下
ソフトウェア・情報処理サービス業	3億円以下	300人以下
旅館業	5千万円以下	200人以下

（出所）中小企業庁「中小企業経営承継円滑化法　申請マニュアル」

先代経営者の主な要件

先代経営者については、贈与時もしくは相続開始時に、それぞれ以下の要件等を満たす必要があります。

これらの要件についても、オーナー企業として親族承継を行う上では満たすことは難しくないと思いますが、贈与については代表者を退任する点は注意が必要です。

【贈与時の要件】

①会社代表者であったこと
②贈与時までに、代表者を退任すること
③贈与の直前において、先代経営者と同族関係者（親族等）で発行済議決権株式総数の 50%超の株式を保有し、かつ、同族内（後継者を除く）で筆頭株主であったこと
④一定数以上の株式を一括して贈与すること

【相続時の要件】

①会社代表者であったこと
②相続の開始の直前において、先代経営者と同族関係者（親族等）で発行済議決権株式総数の 50%超の株式を保有し、かつ、同族内（後継者を除く）で筆頭株主であったこと

後継者の主な要件

後継者については、贈与時もしくは相続開始時に、それぞれ以下の要件等を満たす必要があります。贈与・相続後には、後継者が同族内で筆頭株主となる点に注意が必要です。

【贈与時の要件】

①会社の代表者であること
② 20 歳以上、かつ役員就任から 3 年以上経過していること
③贈与後、後継者と同族関係者（親族等）で発行済議決権株式総数

の50%超の株式を保有し、かつ、同族内で筆頭株主となること

【相続時の要件】

①相続開始の直前において対象会社の役員であること
②相続の開始後、後継者と同族関係者（親族等）で発行済議決権株式総数の50%超の株式を保有し、かつ、同族内で筆頭株主となること

贈与税の納税猶予制度

これまで説明したとおり、贈与税の納税猶予制度を受けるための要件（対象会社・先代経営者・後継者）を満たすことは、さほど難しくはありません。問題となるのは、納税猶予を継続するための、事業継続要件を満たせなくなることです。

主な事業継続要件としては、先ず5年間は後継者が会社の代表であることや、雇用の8割以上を5年間平均で維持すること等があります。特に難しいのは、雇用の8割以上を維持することだと思いますので、事業計画をしっかりと策定した上で納税猶予制度を受けることが肝心です。

また、5年経過後も株式を継続保有することや、資産保有型会社等に該当しないことが求められるため注意が必要です。なお、株式を譲渡した場合には、譲渡した部分に対応する贈与税・利子税を納税します。

これらの要件を満たしたまま、免除事由が発生すると贈与税が免除されます。主な免除事由としては、次の後継者への贈与、先代経営者の死亡（相続税の対象となる）等があります（図表5-13）。

図表 5-13 ◆贈与税の納税猶予・免除制度

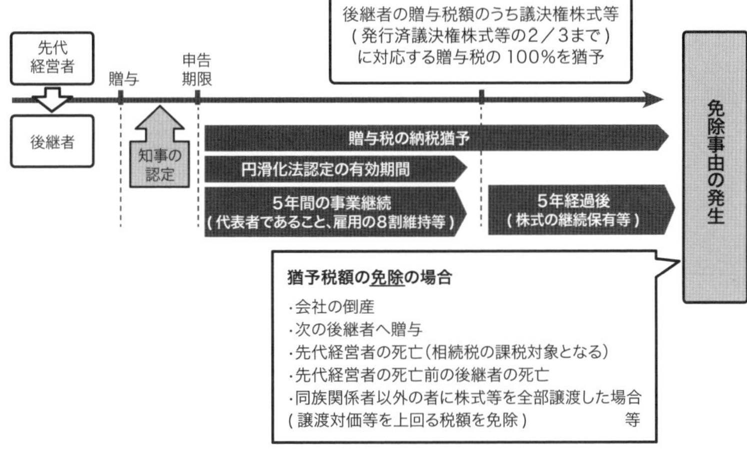

（出所）中小企業庁「中小企業経営承継円滑化法　申請マニュアル」

相続税の納税猶予制度

相続税の納税猶予制度も、贈与税と同様の事業継続要件があります。やはり雇用の８割以上を５年間平均で維持できるか否かが、ポイントになります。

図表 5-14 ◆相続税の納税猶予・免除制度

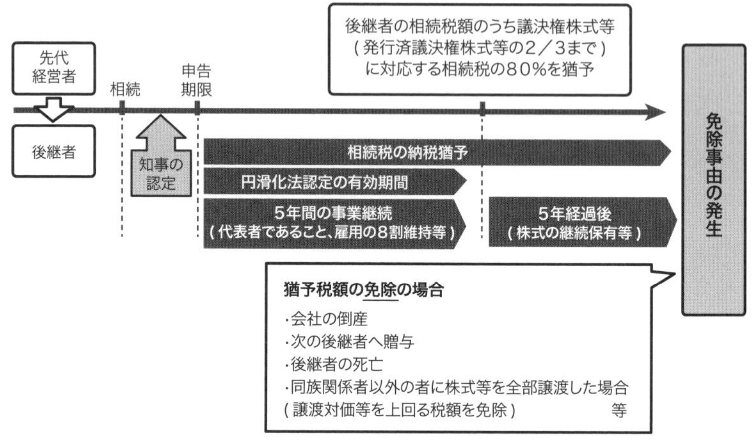

（出所）中小企業庁「中小企業経営承継円滑化法　申請マニュアル」

平成30年度税制改正による特例措置の創設

これらの事業承継税制は、平成30年度税制改正によって、より利用しやすい制度となるよう特例措置が創設されました。

この特例措置は、2018年1月1日から2027年12月31日までの10年間の時限措置ですが、これまで説明してきた一般措置に比べて、対象株式数の2／3までという上限が撤廃されていたり、相続税の納税猶予割合も100%に引上げられていたりと、利用価値の高い措置となっています。

事業承継に関する税制は、改正が頻繁にある分野ですので、自社株対策を進める際には、最新の税制等がどうなっているかをよく確認することが必要です。

図表 5-15 ◆特例措置と一般措置の主な比較

	特例措置	一般措置
事前の計画策定等	特例承継計画の提出 （2018/4/1 ～ 2023/3/31）	不要
適用期限	10 年以内の贈与・相続等 （2018/1/1 ～ 2027/12/31）	なし
対象株式数	全株式	2/3 まで
納税猶予割合	100%	贈与：100%　相続：80%

7 従業員持株会の活用

従業員持株会は上場企業では一般的な制度であり、約9割の上場企業で導入されています。近年は、上場を予定していない非上場企業でも、従業員持株会を導入するところが増えています。

従業員持株会の導入目的

上場を予定していない場合の導入目的としては、主にはオーナー家の相続税対策です。持株会に対して配当還元価額による安い株価で譲渡することにより、持株数を減らして相続税を節税します。

また、副次的な目的としては、毎期安定的な配当をすることで従業員の財産形成に寄与するといった福利厚生上の意味合いや、株式を所有させることで経営参画意識を持たせ、経営の活性化を図るといったことが挙げられます。

従業員持株会の形態

ほとんどの従業員持株会は、「民法上の組合」として設立されています。これは民法667条の規定に基づく団体で、法人格はありません。従って、法人税が課税されることはなく、配当については会員個人の配当所得として所得税が課税されます。つまり、課税関係については、個人が直接株式を所有している場合と同じです。

会員には自社の正社員は勿論のこと、子会社の社員も会員として参加することができます。役員については会社法上の問題が出てくるため、従業員持株会の会員にはせず、必要であれば別組織として役員持株会を設立します。

従業員持株会の一般的な運営ルール

従業員持株会の運営ルールは、規約等によって明文化しておくことが必要です。その際、特にポイントになるのは以下の3点です。

①会員資格

会社の従業員を対象とし、通常は勤続何年以上等の制約を入れます。また、従業員でなくなった場合には、自動的に退会するものとして株式が散逸することを防止します。この点は、個人に株式を直接保有させる場合との大きな違いです。

②入退会時の株価

税務上は配当還元価額であれば問題ありません。規約上でも配当還元価額とする場合がありますが、配当次第で株価が変動してしまうため、例えば500円等のように固定することも多いです。
この場合、配当還元価額との差額は贈与税の問題がありますが、暦年贈与の非課税枠110万円/年に収まるようにすることで回避できます。

③議決権の行使

基本的には理事長が一括行使するものとします。但し、各自の持分に応じて不統一行使をすることも問題ありません。また、オーナーの経営権をより確実なものとする趣旨より、種類株式を活用して、議決権自体を制限することも可能です。

従業員持株会のデメリット・留意点

上場・非上場を問わず、一般的に言われるデメリットとしては、業績不振に陥って配当が出せなくなると、従業員の財産形成に寄与できくなり、更には倒産という最悪の事態を招いた場合には、従業員は職だけではなく財産も失うことになります。このような二重性、つまり従業員としてのマイナスと、株主としてのマイナスの両方を被ることになるのがデメリットです。

このデメリットに加え、非上場企業における従業員持株会では、以下にあげる点についても留意が必要です。

①株式供給が限られることによる従業員間の不公平

上場企業であれば何時でも市場から自社の株式を調達してくることが可能ですが、非上場企業ではそれが出来ません。株式供給源としては、退会者からの買取り、オーナー所有株式の供給、第三者割当増資が考えられますが、何れも供給は限られます。結果的に、従業員間の不公平が生じることになります。

②プール株式が処理できない

民法上の組合は、単なる個人の集合体であるため、従業員持株会として株式を所有することは出来ません。そのため、退会者から株式を買取る場合には、会員への配分を行うことが必要ですが、希望者がいないと従業員持株会で一時的にプールすることになります。

プール株式は早期に処理することが必要ですが、仮にオーナーが買戻す場合には、原則的な相続税評価額となるため現実的ではありません。結果的にプール株式を処理できない状況が続く可能性があります。

なお、こうした留意点に対しては、従業員持株会をスモールスタートさせることで、ある程度は対処可能です。相続税の節税効果ばかりに目が行くと、いきなり多くの株式を移動させたくなりますが、導入当初は会員資格の範囲も狭めにし、オーナーからの供給株式も少なめにしておきます。そうしておけば、オーナーからの株式供給源の余裕を持っておくことが出来ますし、従業員持株会への参加が低迷してくれば、会員資格を拡大することで梃入れも可能です。

8 社団法人・財団法人の活用

平成20年からスタートした新公益法人制度により、社団法人・財団法人の設立は、株式会社と同様に登記のみで可能となり、設立のハードルが下がりました。これにより、社団法人・財団法人を自社株対策として活用する事例が増えています。

基本的な活用の仕方

オーナー家が所有する自社株を、贈与等により社団法人・財団法人に移動します。社団法人・財団法人には持分という概念がないため、個人財産から切り離され、相続税を節税できます。

しかも、この節税効果は何代にも及びます。個人財産として自社株を所有している限り、親から子供へ、子供から孫へと、世代ごとに相続税の心配が発生しますが、自社株を社団法人・財団法人の資産とすることで、そうした心配から解放されます。

社団法人・財団法人の類型

社団法人・財団法人は、何れも先ずは一般社団法人・一般財団法人として設立されます。その上で、公益認定基準を満たすと、公益社団法人・公益財団法人となります。満たさない場合は一般のままです。

公益法人に該当すると税制上の優遇措置を受けられますが、公益

図表 5-16 ◆社団法人・財団法人の活用

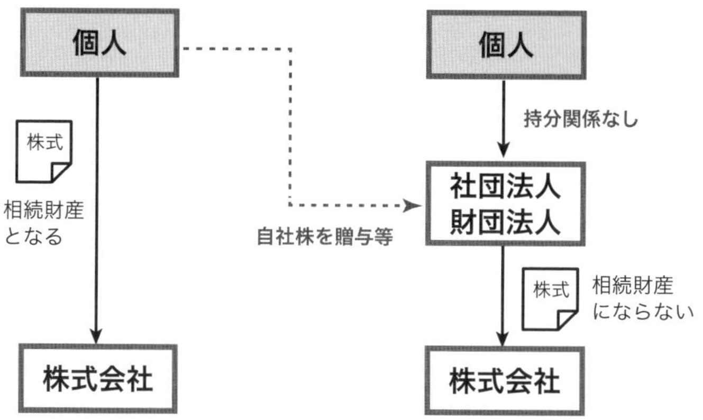

認定基準を満たすことは、かなり高いハードルです。そのため、最近増えているのは、一般社団法人・一般財団法人を活用した事例です。

なお、一般の中でも更に、法人税法の要件を満たすか否か等により、下表のとおり細分化されます。

【社団法人・財団法人の類型】

<table>
<tr><td rowspan="3">公益社団法人
公益財団法人</td><td colspan="3">一般社団法人・一般財団法人</td></tr>
<tr><td colspan="2">非営利型法人</td><td rowspan="2">普通法人</td></tr>
<tr><td>非営利性が徹底された法人（※）</td><td>共益的活動を目的とする法人</td></tr>
</table>

（※）特定一般法人と呼ばれる

一般社団法人と一般財団法人との違い

一般財団法人は、一定の目的のために拠出された財産に対して法人格を与えたものです。最低300万円以上の財産拠出が必要となり、また、定款に記載された目的を変更することは原則として認められません。

一般社団法人は、個人の集まりに対して法人格を与えたものです。そのため、財産拠出は必須ではなく、社員総会の特別決議により、目的を変更することも可能です。

運営に必要な最低人員についても一般社団法人の方が少なくて済むため、自社株対策としては一般社団法人の方が活用しやすいです。

【一般社団法人・一般財団法人の比較】

	一般社団法人	一般財団法人
性質	個人の集まりが中心	拠出財産が中心
財産拠出	不要	最低300万円
目的の変更	社員総会特別決議で可能	原則不可
最低人員	社員2名、理事1名、 理事は社員と兼務可能	評議員3名、理事3名、 監事1名

自社株移動時の課税関係

個人から一般社団法人・一般財団法人に自社株を移動する手段としては、譲渡と寄付の２つが考えられます。

譲渡の場合、譲渡益が発生すると個人側では譲渡所得課税が発生します。一般社団法人・一般財団法人側では特に課税は生じませんが、株式購入資金を調達することが必要となります。

寄付の場合、個人側は時価で譲渡したものとみなされ、譲渡所得課税が発生します。一般社団法人・一般財団法人側は、非営利型法人に該当すれば受贈益に対する法人税課税はありません。普通法人の場合には、法人税が課税されます。

また、平成30年度税制改正により、個人から一般社団法人・一般財団法人に寄付をした場合に、贈与税等の負担が不当に減少する結果とならないものとされる要件（役員等に占める親族等の割合が１／３以下である旨の定款の定めがあること等）のうち、いずれかを満たさない場合には贈与税等が課税されることとし、規定が明確化されました。

なお、非営利性が徹底された法人で、一定の要件を満たし、国税庁長官の承認を受けた場合には、寄付財産に関して非課税の扱いを受けることができます。

一般社団法人・一般財団法人を活用することのリスク

相続税の悩みから解放され、自社株移動時にも一定の要件を満たすことで税制上の優遇措置が受けられる等、一見すると良いこと尽くめに感じられますが、活用にはリスクも伴います。

持分がない社団法人・財団法人の運営は、社員や理事といった「人」次第になります。将来的に、会社にとって望ましくない人が社員や理事に就任する可能性はゼロではなく、安定株主として機能しないリスクが考えられます。

また、社団法人・財団法人の活用は行き過ぎた節税だとして、各方面から批判の声があがっています。そうした声を受けて、平成30年度税制改正では、特定の一般社団法人等に対する相続税が課税されるようになりました。今後も厳しい税制改正が行われるリスクがありますので、慎重な判断が望まれます。

［コラム］

信託の活用

本章で説明しなかった自社株対策として、信託の活用があります。種類株式や事業承継税制の登場により、近年は自社株対策として信託を活用する割合は少なくなっています。

◉信託の仕組みと課税関係

信託は、財産の所有者である「委託者」、委託を受けて財産を管理・処分等する「受託者」、財産から生じる利益を受ける「受益者」の３者からなります。

信託の設定により、信託財産の所有権は「委託者」から「受託者」へ移転します。但し、受託者の固有財産とは区分管理されるため、利益を享受する「受益者」を実質的な所有者と考える「受益者課税」が原則となります。例えば、親（委託者）が所有する自社株を、子供を受託者とする信託を設定する場合、受益者が子供であれば子供に贈与税が課税されます。しかし、受益者が親であれば、実質的には親が引続き自社株を所有していると考え、贈与税が課税されることはありません。

図表 5-17 ◆自社株信託の基本的な仕組み

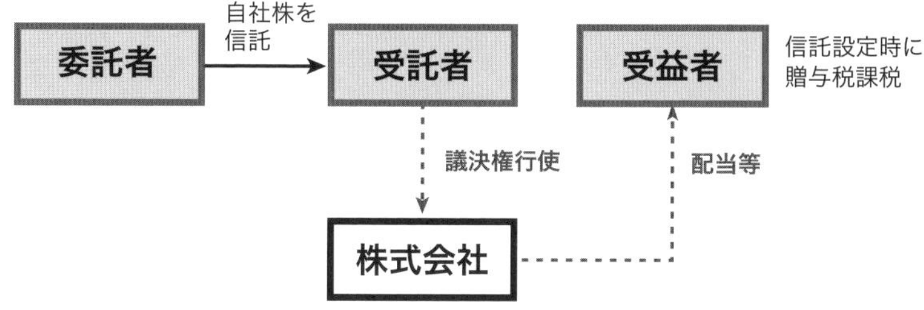

◉自社株での典型的な活用例

信託には、信託銀行等が受託者となる「商事信託」と、親族等の身近な者が受託者になる「民事信託」とがあります。商事信託の場合、自社株対策の定型的な金融商品として、主に下記２つのタイプがあります。

> **①議決権留保型**
> 議決権行使の指図権を現経営者（委託者）とし、受益者を後継者とすることで、財産権だけを先に移転するもの。
>
> **②遺言代用型**
> 現経営者の死亡により、後継者に自社株を移転するもの。遺言に比べて、経営の空白期間が生じないメリットがある。また、後継者としても遺言だと書き換えられる可能性があるが、信託を設定しておけば知らない内に変更されてしまった、という事態は避けられる。

◉生涯現役社長向けの活用例

信託の良いところは、信託契約によって様々な条件設定をすることが可能であり、それにより委託者の意思を実現することができる点です。

オーナー社長の中には、生涯現役と考えている方も少なくないと思いますが、高齢になると認知症等によって適切な経営判断を出来なくなるリスクが出てきます。そうしたリスクに備える方法として、認知症等の発症を開始条件とする信託を設定しておき、もし現経営者が認知症等を発症した場合には、後継者が議決権行使できるようにしておけば、経営の混乱や、現経営者が意図しない自社株承継を防ぐことができます。

第6章

オーナー企業から脱却する場合

親族以外へ自社株を承継するための実務。
「役員・社員への自社承継」と、
「M＆A」についての具体的なやり方

STEP3：自社株の移し方を決定（親族以外に承継）

親族以外に自社株を引き継ぐパターン

本章では、「STEP3：自社株の移し方を決定」について、親族以外に引継ぐ場合を説明します。つまり、オーナー企業からの脱却です。具体的には次の２つの自社株承継パターンを取り上げます。

- 役員・社員への自社株承継
- M＆A（外部の第三者への事業売却）

基本的な検討事項としては、５章で説明した同族経営を引継ぐ場合と同じです。特に、役員・社員へ自社株を承継する場合は、親族ではないもののお互いによく知る間柄での承継ですから、論点も非常に似通ったものになります。対してM＆Aの場合は、外部の第三者との交渉事となるため、特有の論点が発生します。

「誰に」の詳細決定

役員・社員への承継の場合、検討すべき事項は同族経営として引継ぐ場合と同じです。後継者となる役員・社員が個人として直接所有するか、法人を通じた間接所有にするか、従業員持株会を導入するか等について検討します。

一方、M＆Aの場合は、そもそも相手先を探してくることが必要です。よくある相手先の見つけ方としては、M＆A専門業者や取引銀行を始めとする金融機関からの紹介や、社長個人のネットワーク

図表 6-1 ◆ STEP3 詳細（再掲）

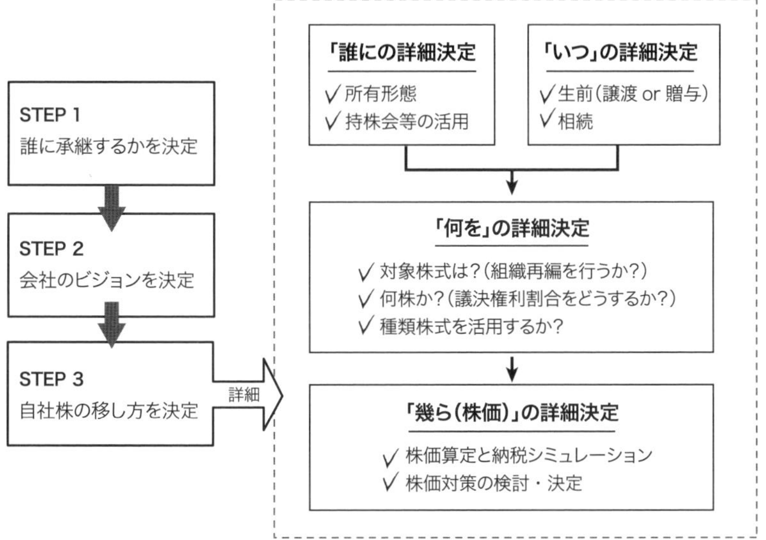

を通じてということが多いかと思います。

近年は公的支援にも力が入れられており、経済産業省・中小企業庁が推進する「事業引継ぎ相談窓口」及び「事業引継ぎ支援センター」では、M＆Aに関する一般的な相談やマッチングサービスを行っています。事業引継ぎ相談窓口は全国47都道府県に、事業引継ぎ支援センターは東京都、大阪府等の7都道府県に設置されており、東京都の同センターでのM＆A成約実績は、平成28年度で29件あります。初期段階の相談は無料ですので利用してみる価値はあると思います。

「いつ」の詳細決定

親族の場合は、死亡時に相続という承継手段もありますが、親族以外の場合は、生前での譲渡が基本となります。役員・社員に限れば、遺贈も理論上は考えられますが、実務上は殆ど見たことはありません。

同じく贈与も殆ど見かけません。親族以外への承継は「親族に後継者がいない」ことが発端となりますが、同時に「自社株を資金化して利潤を得たい」という動機も少なからずあるように思います。そのため、贈与ではなく譲渡、つまり売買が多いのだと思います。

この点は、３章で説明した「引退後に自分自身がどうしたいのか？」とも関係するところだと思います。

「何を」の詳細決定

親族への承継でも論点となった現組織体制から組織再編を行うのか、株式数（議決権割合）はどうするのか、種類株式は活用するのかなどに加え、Ｍ＆Ａの場合は図表6-2のような様々な形態が考えられます。

自社株承継として一番イメージしやすいのは株式譲渡ですが、会社の一部分だけを渡す形態も考えられます。その場合は、会社分割や事業譲渡などのスキームを活用します。また、完全な統合形態として、合併もあります。株式譲渡後しばらくしてから合併ということも、Ｍ＆Ａ先の判断次第ではあり得ます。

何れの形態とするかはＭ＆Ａ先との交渉事になります。既存株主としては株式譲渡を望んでも、Ｍ＆Ａ先が一部の事業しか興味がなければ、会社分割や事業譲渡を選択するか、別のＭ＆Ａ先を探すことになります。

図表 6-2 ◆M&Aの形態

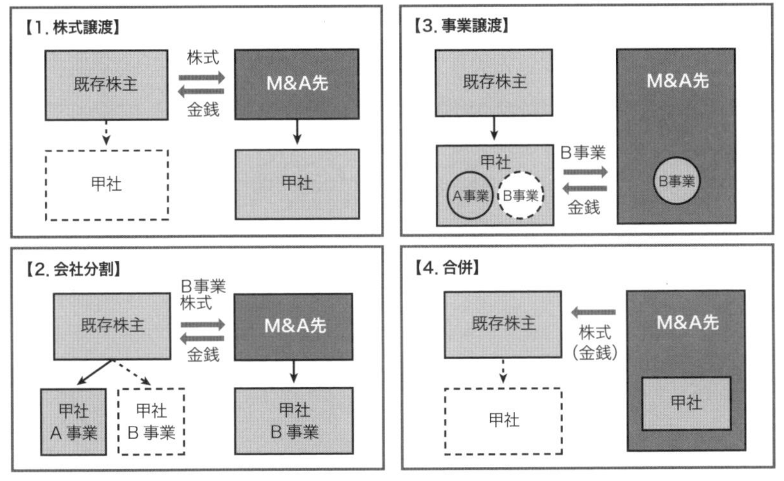

「幾ら(株価)」の詳細決定

株価の考え方・算定方法は、親族承継の場合とは大きく異なります。親族承継の時は、株価は相続税評価額による必要があり、具体的な算定方法が決められていました。それに対して、M&Aのように、純然たる第三者間の売買の場合は、種々の経済性を考慮して自ずと適正な価額が決定されると考えられることから、その価額が合理的な価額として税務上も認められます。従って、M&Aの場合は、相手先と合意できる株価であれば幾らでも良いことになります。具体的には図表6-3にあげるような株価算定方法から複数の株価を算定し、お互いが妥当と考える株価の範囲内で交渉によって決まります。

この中でよく用いられる評価方法は、時価純資産法（修正時価純資産法含む）やDCF法、マルチプル法などです。それぞれの詳細については後述します。なお、役員・従業員の場合は、純然たる第三者間と言えるかは微妙であるため、相続税法上の評価方式に従った株価によって承継する場合が大半です。

図表 6-3 ◆相続税評価額以外の株価算定方法の長所・短所

評価方法	長所	短所
純資産を基礎として評価 時価純資産法 修正時価純資産法	✓企業の静的価値を示し、貸借対照表を基に算定するため理解が得られやすい ✓一定の客観性を確保できる	✓過去の蓄積のみを評価対象としており、継続企業の評価方法としては適当でない
収益力を基礎として評価 DCF法 収益還元法	✓企業の動的価値を示し、継続企業を前提とすると、最も理論的な評価方法である	✓CFの予測に不確実性があり、資本コストにも恣意性が介入しやすい ✓評価結果の上下幅が大きく、理解を得られ難い場合がある
類似他社との比較より評価 マルチプル法	✓取引相場を反映しており、特に上場を目指す場合には妥当性がある	✓適当な比較対象が上場していないと評価し難い ✓市場は複雑な要因で変動するため、正しい価値とならない場合がある
取引実績より評価 市場株価平均法 売買実例法	✓取引実績に基づくことで、一定の客観性を確保することができる	✓非上場の場合、把握可能な取引実績が少ないため、評価し難い ✓取引実績が正しい価値を反映しているとは限らない

役員・社員への自社株承継

役員・社員への自社株承継では、適正な株価により譲渡をする上で、株式購入資金を後継者となる役員・社員がどう確保するのかが、1つのポイントになります。

一般的な資金確保の仕方

役員・社員の個人の蓄財だけでは、多額の株式購入資金を準備することは難しいため、通常は借入をします。最も単純には、個人が銀行等の金融機関から借入をします。最近は民間の銀行でも事業承継を目的とするローン商品がありますし、経営承継円滑化法による金融支援制度もあります。以前と比べれば、事業承継時に後継者が外部から資金調達しやすくなっています。

但し、金融機関からの支援を受けられないこともありますので、その場合には会社や売却側の既存株主から貸付をすることが多いです。内々での金融支援となりますので、税務上問題とならないように、契約書を締結し、一定の利払い・元本返済を行うことが必要です。

金融機関からにしろ、会社からにしろ、個人で借入をする場合には共通して問題となることがあります。それは返済原資をどうするかです。株式購入のための借入ですから、基本的には受取配当金を返済原資としますが、配当所得として課税されるため、返済原資が目減りしてしまいます。給与を高くする方法もありますが、これも同様に所得税が増えてしまいます。借入を個人で行うと、会社の儲けを個人に渡す段階でどうしても税金が発生し、返済原資が目減りする問題があります。

また、そもそも業績次第では配当や高い給与水準を維持すること自体が難しくなるリスクもありますので、株式譲渡金額が数億円を超えるような場合には、あまり現実的な選択肢にはなり得ません。

ＭＢＯの概要

株式譲渡金額が数億円超となるような多額の場合には、ＭＢＯと呼ばれる手法を採る場合があります。Management Buyout の略で、日本語では「経営陣による買収」と訳されます。

他に、従業員による買収であるＥＢＯ、経営陣と従業員による買収であるＭＥＢＯ等がありますが、基本的な考え方はＭＢＯと同じです。

図表 6-4 ◆ＭＢＯのステップ

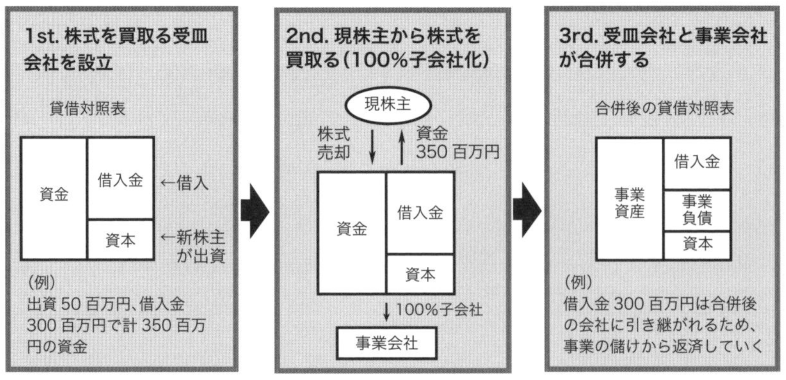

ＭＢＯの最初のステップは、自社株を買取るための受皿会社を設立することです。例えば、株式譲渡金額が350百万円の場合、後継者となる役員・社員が新株主として合計50百万円を受皿会社に出資し、残りの300百万円は銀行等から借入金として調達します。この時点での受皿会社の資産は、出資金と借入金による現金預金350百万円です。

次に、その350百万の資金により、現株主から自社株を全て買取り、事業会社を受皿会社の100％子会社とします。この時点で、現株主は自社株を資金化することができ、また、受皿会社の資産は、事業会社の株式350百万円となっています。

最後に、受皿会社と事業会社とを合併します。合併後の貸借対照表に注目すると、資産は事業会社の保有していた事業資産が引き継がれます。負債は事業会社の事業負債に加え、受皿会社の借入金300百万円が引き継がれます。資本は受皿会社の資本が引き継がれ、株主構成も新株主となっています。この点は、ＭＢＯの最たる特徴であり、株主構成を全く新たに作り直すことができます。

また、他には以下のような効果があります。

【ＭＢＯの効果】

①株主構成が新株主となり、自社株承継が完了する
②現株主は自社株を資金化することができる
③株式買取りに伴う借入金は合併後の会社が引継ぐため、事業の儲けから直接返済することができる

MBOの資金調達

ＭＢＯの実行には、借入先となる銀行の協力が必要不可欠です。銀行が協力、つまり融資をするか否かは、事業会社が保有する不動産等の担保価値と、将来の事業キャッシュフローからの返済能力より判断します。そのため、銀行の協力を得るためには事業計画が必須となります。

特に、新たな経営陣がどの様な経営方針、戦略を考えているのか、現経営陣が退陣することで顧客基盤への影響等、何かしらのマイナスはないのか、といった点は過去業績からのトレンドだけでは分からないため、事業計画において十分な説明が求められます。

それでも、銀行借入だけでは株式購入資金を調達しきれない場合には、メザニン（劣後債）による資金調達や、プライベートエクイティファンドから出資を受けるなど、資金調達手段を多様化し、調達可能な資金額を増やすことで、ＭＢＯスキームの実現性を高めます。

但し、プライベートエクイティファンドが出資をすれば、ＭＢＯ後の経営にも関与してきますし、出口戦略（株式上場や他社への売却）も求めてきます。最悪の場合、経営陣を交代させられる等のリスクもあります。従って、安易にプライベートエクイティファンドから出資を受けるのは避けるべきですし、受けるにしても必ず複数のファンドから話を聞き、財務的な支援条件だけではなく、後継者の考える経営方針・戦略への理解を得られそうかについて留意すべきです。

MBOの株価

ＭＢＯは個人から法人（受皿会社）への売却となるため、税務上の適正な株価の考え方は、売り手は所得税法上の時価、買い手は法人税法上の時価となります。名称は異なりますが、何れも一定の留保条件の下に相続税法上の評価方式によって算定します。

事業承継時のＭＢＯは、現オーナー社長と役員・社員との間での売買となるため、純然たる第三者とは言い難いこと、また、決まった算定方式での株価の方がお互いに納得しやすいことから、基本的には税務上の考え方に従った株価とする場合が多いです。

ＭＢＯは下手をすると「現オーナー社長が株式を売り抜けたい」というように社内から見えてしまいます。特に譲渡代金に直接関係する株価は、その引き金となりやすいです。

そうならないためには、Ｍ＆Ａではファイナンシャルアドバイザーをつけるのが当り前であるのと同じように、ＭＢＯでも中立な立場を保てる第三者をアドバイザーとして立てることにより、社内に対する丁寧な説明をし、理解を得るようにすることが効果的です。

3 M＆Ａ（事業売却）に向けた準備

事業承継の方向性として、Ｍ＆Ａ（事業売却）を決断した場合に準備すべき事項は大きくは以下の２つです。

－　Ｍ＆Ａ戦略の策定
－　ファイナンシャルアドバイザーの選定・売却候補先の探索

Ｍ＆Ａ戦略の策定

Ｍ＆Ａ戦略と言うと、一般的には買い手のＭ＆Ａ戦略を指しますが、売り手としてのＭ＆Ａ戦略もあります。これがないと、売れる先に対し売れるだけの金額･条件での事業売却となってしまいます。

図表 6-5 ◆売り手のＭ＆Ａ戦略

M&A（事業売却）の目的の明確化
✓「事業承継のため」ではなく、事業上の目的としてM&Aを捉える
✓M&A先へ期待することを明確にする（＝母集団の想定）

↓

ロングリストの作成
✓母集団から一定のロジックに従って候補先を抽出してリスト化

↓

ショートリストの作成
✓ロングリスト掲載先について評価をし、優先度とアプローチ方針を決定

↓

アプローチ、ディール段階へ

先ず検討すべきことは、M＆A（事業売却）の目的は何かです。後継者がいないからは理由であって、目的ではありません。事業売却の目的は、あくまで事業上の目的として捉えなおすことが肝心です。そうすることで、M＆A先に期待することは何かを明確にし、どういった先にアプローチすべきか、大きな母集団を想定します。

図表 6-6 ◆O社の事例（目的の明確化・母集団の想定）

M&Aの目的及び候補先に期待すること

✓ 技術開発や営業面でのシナジー効果
⇒一定レベルの技術者、顧客基盤、ネットワークがあること

✓ 共同での事業創出
⇒投資できる資金力があること、財務基盤の安定性

✓ 株式所有による経営安定化への寄与
⇒価値観・ビジョンが共有できること、知名度があること

想定される母集団

✓ 同業他社で一定の規模である国内企業

✓ 周辺分野で上場している国内企業

（基礎資料）
①JCCA 社団法人建設コンサルタンツ協会登録企業（450 社程度）
②周辺分野の上場企業（80 社程度）

図表 6-6 は建設関連を生業とするO社で検討した実際の事例です。この会社の場合は 100％の株式売却ではなく、1／3程度の株式売却、つまりグループ会社化を狙っていました。基本的には同業他社である程度規模の大きい国内企業ということで、母集団としては約 530 社をピックアップしました。

ここからロングリスト（M＆Aを検討する際に対象候補先を広くリストアップしたもの）、ショートリスト（ロングリストのなかから、より望ましい候補先をリストアップしたもの）へと候補先を絞り込んでいきます。O社の場合、ロングリストでは規模感からの絞込みを重視し、具体的には売上高や従業員数（特に技術者数）から100社程度に絞り込みました。ロングリストの段階では、候補先数も多いため、あまり複雑な絞り込み作業とならないようにするのがコツです。また、この様な作業を進めていると、当初考えていた候補先が漏れることがあります。そうした場合は、ポジティブ銘柄としてロングリストへ追加します。ロングリストの作成意義は、ある程度可能性のある候補先を、出来るだけ広く拾い上げるところにありますので、この会社は何であがっていないの？というものについては追加して構いません。

ショートリストの段階では優先度を評価します。O社の事例では複数の評価項目から優先度を決定しました。この評価項目は、M＆A先に期待することから設定するものが多いですが、候補先へのアプローチのし易さ、M＆Aに対する受容性が高いか、といった視点も加わります。例えば、社長同士が知り合いである、メインの取引銀行が同じである、というような場合は、候補先へのアプローチはし易いと言えます。また、過去に企業買収の実績がある先の方が、事業売却を打診した時に受け入れられる可能性が高いと言えます。M＆Aは相手先があっての話なので、こうした現実的な視点についても加味しておくことが必要です。

ファイナンシャルアドバイザーの選定

M＆Aの規模感にも拠りますが、通常は売り手・買い手ともにファイナンシャルアドバイザー(FA)を立てます。売り手の場合は、具体的な候補先を探してくるのもFAの役割となりますので、M&A（事業売却）プロセスはFAを選定することから始まります。

FAに支払う報酬は、「売却金額の数パーセント」という変動的な成功報酬が基本です。FAからすると金額の高い案件、つまり規模の大きい方が儲かります。従って、代表的なプレイヤーである証券会社では、規模の小さいM&A案件は引き受けてくれません。また、成功報酬の最低金額を数千万円といった水準で設定していることが多く、事業売却に伴うコストはかなり高くなります。

証券会社以外では、銀行やM&A専門業者がFAを行っています。基本的には同じ様な報酬体系ですが、証券会社、銀行、M&A専門業者という順で、段々と敷居が低くなっていくイメージとなります。

M&Aの経験がないと、そもそもどこにFAの相談をすれば良いか分からないと思います。そうした場合は、M&A戦略を考える段階からコンサルティング会社に関与してもらったり、事業引継ぎ支援センター等の公的支援窓口に相談したりすることをお奨めします。また、コンサルティング会社や会計事務所の中には、FA的な支援もできるという先がありますが、FAに求められるのはネットワークと過去実績に基づく知見ですので、FAを専門的に行っているところと契約をした方が良いです。

【FA（売却側）の主な役割】

◎売却候補先の探索

◎インフォメーションパッケージの作成

◎バリエーション（売却額として幾らが妥当であるかを評価）

◎ディール段階における売却候補先との交渉

◎クロージング（譲渡契約の締結・実行）までの各種支援

売却候補先の探索

FAが売却候補先を見つけてくるやり方には、相対方式と入札方式とがあります。相対方式は優先度の高い先から、個別に打診していくやり方です。基本的には1社ずつ進め、駄目なら次の候補先に打診するという流れになります。一方、入札方式は有望な候補先複数社に打診し、期限を決めて譲渡金額や譲渡条件について入札してもらい、優先的に交渉する先を決めて進めるやり方です。

何れの場合であっても、先ずはM＆A戦略の段階で検討した事業売却の日的や候補先に期待すること、ショートリストとして考えている先をFAに伝えることが大切です。出来ればFA契約を締結する前に行い、自社の希望と沿うような動きがとれるFAを選定するのがベストです。

相対方式は、優先度の高い先がかなり絞られている場合や、既に買収意向がある先をFAが把握している場合に向いています。事業売却というナーバスなテーマをクローズドな状態で進められるメリットもあります。その一方で、譲渡代金が安く収まってしまう、あるいはその様に感じてしまい既存株主間で合意できない、といったリスクがあります。

入札方式は、これといった候補先に絞り込めない場合や、業界再編等で積極的に買収をしかけているプレイヤーが複数いる場合に向いています。事業承継ではありませんが、ゴルフ場の事業再生時のM＆Aでは、入札方式がとられることが多かったです。メリットは買収側を競争させることで譲渡代金含め好条件を引き出しやすいことです。また、既存株主としても入札の結果ということで納得をしやすくなります。但し、関与先が増えるため、情報漏洩のリスクは高くなります。

売却先を探索して行く上で、自社の紹介資料が必要となります。それがインフォメーションパッケージです。インフォメーションパッケージには、買収側が初期的な検討をする上で必要なデータ、例えば会社概要や事業概要、直近での財務情報やキーとなる非財務情報を掲載します。また、自社の「売り」、例えばビジネスモデルの特徴や強み、将来の成長性等についても説明します。これらは買い手に興味を持ってもらうためのアピールとも言えます。

こうしたインフォメーションパッケージの作成は基本的にはFAが担う業務の一部ですが、丁寧に進める場合にはプレデューデリジェンスを外部専門家に依頼します。通常、買い手は買収対象企業に問題がないかを検証するためにデューデリジェンス（投資候補先の将来性やリスクなどを調査すること）を行います。そのデューデリジェンスでボロが出ないよう、自社で先に検証をし、問題点があれば是正しておくのがプレデューデリジェンスです。また、自社の強みや成長性等についても、外部専門家が検証することで、より訴求力の高いアピールとなることが期待できます。

4 M＆Aにおける株価

代表的な３つの評価手法

M＆Aのように純然たる第三者間での売買では、互いに種々の経済性を考慮して自ずと適正な価額が決定されると考えられることから、その価額が合理的な価額として税務上も認められます。見方を変えると、税法という決まった算式で株価を決定しない分、株価の算定は難しい業務となります。代表的な評価手法として、本項では下記の３つについて説明をします。

- 時価純資産法・修正時価純資産法
- DCF法
- マルチプル法

時価純資産法・修正時価純資産法

時価純資産法は、資産・負債を時価評価した純資産に基づき株価を算定する方法ですので、相続税評価額の純資産価額と基本的な考え方は同じです。修正時価純資産法は、時価純資産に「のれん（営業権)」を評価して加え、株価を算定する方法です。

M＆Aでは通常、デューデリジェンスという買い手による対象企業の調査・分析が行われますが、デューデリジェンスの重要業務の一つが、時価純資産の確定です。純資産自体は貸借対照表を見れば分かりますが、対象企業の故意あるいは誤謬により、会計処理が正しく行われておらず、簿外債務や架空資産によって純資産が嵩上げされてしまっているかもしれません。また、簿価と時価とが乖離して、多額の含み損を抱えた資産があるかもしれません。そうした内容を調査・分析し、正しい時価純資産価額を確定する作業は非常に重要なプロセスとなります。専門的な知識が必要となるため、監査法人や公認会計士等の専門家に依頼するのが一般的です。

売り手としては、買い手がこうしたデューデリジェンスを行うことを念頭に置き、自社の会計処理に過ちがないか、多額の含み損益を抱えた資産がないかを確認しておくことが重要です。デューデリジェンスで色々とボロが出てくると、買い手は不信感を抱きますので、M＆A自体がご破算となるリスクが高まってしまいます。

DCF法

DCF（Discounted Cash Flow）法は、将来フリーキャッシュフロー（FCF）を現在価値に割引計算し、企業価値を算定します（図表6-7）。

DCF法によって算定されるのは企業価値であり、株価ではありません。株価を算出するためには、企業価値からネット・デットを控除して株主価値を算出した上で、発行済株式総数で割ることが必要となります。

FCFは税引後営業利益を基に下記算式より算出します。企業が自由に使える資金という意味からFCFと呼ばれています。実際には債権者への利払いや元本返済、株主への配当といった形で還元し、一部は内部留保として企業内に蓄積します。

【FCF の算式】

FCF ＝税引後営業利益＋減価償却費－設備投資額－運転資本増減 運転資本増減＝棚卸資産増減＋営業債権増減－営業債務増減

こうしたFCFの予測は、通常5年～10年程度の計画値として策定する場合が多いです。但し、企業としては予測期間以降も存続しますので、企業価値を算出するためには、予測期間以降の価値を示す残存価値（Terminal Value）を足すことが必要となります。残存価値の算出方法や現在価値に割引く際の割引率等については、次項のDCF法の詳細にて説明いたします。

図表 6-7 ◆ DCF 法の概念図

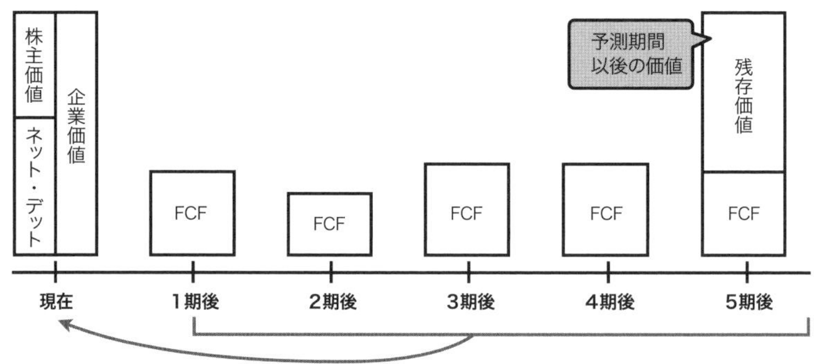

マルチプル法

マルチプル法とは、上場している類似会社との比較により、相対的な市場価値を算出する方法です。倍率方式とも呼ばれ、相続税評価額の類似業種比準価額は一種のマルチプル法と言えます。

メジャーな指標としては、PER（Price Earnings Ratio）やPBR（Price Book-value Ratio）があります。PERは株価が当期純利益に対し何倍であるかを示し、PBRは株価が純資産に対し何倍であるかを示します。何れの指標も、個人投資家等が株価の割安・割高の判断をする際に良く利用されています。

M＆Aの際に用いられるマルチプル法としては、EBIT倍率やEBITDA倍率があります。EBIT（Earnings Before Interest and Taxes）とは、営業利益と大体同じ概念です。EBITDAはEBITにDA（Depreciation and Amortization）、つまり減価償却費を足したものです。PERやPBRが株価が何倍であるかを示すのに対し、EBIT倍率やEBITDA倍率は企業価値がEBITやEBITDAの何倍であるかを示す点が異なります。

他にもマルチプル法は色々な応用が可能です。例えば、タクシー会社の価値はタクシー台数との相関関係が強いので、タクシー台数の何倍であるかを示すことが考えられます。同様に会員ビジネスであれば会員数、インターネットビジネスであればPV（Page View）数、技術がキーとなるビジネスであれば技術者数や特許数などが考えられます。特に、修正時価純資産法で「のれん（営業権）」を評価する手法として、この様なマルチプル法を用いる場合があります。

マルチプル法のメリット・デメリット

DCF法は理論的な評価手法ではありますが、将来FCFや割引率等の前提条件の置き方次第で評価結果が大きく上下します。また、長期的なFCFの予測が必要となる等、評価手続きが煩雑となります。

それに対し、マルチプル法は基本的な財務データ等があれば算定できるため非常に簡便的な方法と言えます。また、算定に必要なデータは基本的には実績値を用いるため、DCF法のように前提条件次第で大きく評価結果が異なるということがありません。こうした点はマルチプル法のメリットであり、ベンチャーキャピタル等が企業評価手法として好んで用いる理由となっています。

一方で、実績値を用いるが故に、特殊要因から異常な倍率となり、評価結果が過大ないし過少となるリスクがあります。これは評価対象企業に限らず、比較する類似企業にも言えます。単純な話としては営業利益が赤字の場合、EBITDA倍率は算出できない、あるいは異常に高くなってしまいます。また、何倍という倍率に集約されるため、なぜこの株価になるのか、どうすれば株価を上げるあるいは下げることが出来るのか、といった要因分析をすることは出来ません。

こうしたデメリットから言えることですが、マルチプル法が有効であるか否かは、適切な類似企業を選択することができるか次第です。業種が同じということだけではなく、企業規模や業界ポジションといった点まで考慮すると、非上場の中小企業と上場企業とを比較することはかなり無理があります。現実的な対応としては、図表6-9のように同業の上場企業を広くピックアップし、異常値を排除していくことで妥当な株価レンジを評価することになります。

図表 6-8 ◆マルチプル法のメリット・デメリット等

▶メリット

—DCF 法に比べ簡便である。

・公表データのみで分析可能な上、長期に渡る収益予想を必要としない。

—DCF 法に比べ結果のぶれが少ない。

・現実の値を利用して算定するため、DCF 法に比べ前提条件(将来 FCF や割引率)の置き方による結果のぶれが少ない。DCF 法の現実性チェックとしても有用である。

▶デメリット

—現在の指標のみを利用している。

・現在の財務指標(EBITDA 等)を基準とするため、その数値が特殊要因によって平準的な値からずれている場合には、結果が過大 / 過少になる。

—結果の詳細分析に不向きである。

・全ての判断を「倍率」に集約するため、要因分析には適さない。

▶留意点

—適切な類似企業を選択することが極めて重要となる。

図表 6-9 ◆マルチプル法の実施イメージ

会社名	EBIT	EBITDA	時価総額	有利子負債	現金等	ネット・デット	企業価値	EBIT倍率	EBITDA倍率
A社	397	425	1,588	191	547	-356	1,232	3.1	2.9
B社	126	267	4,868	0	322	-322	4,546	36.1	17.0
C社	1,015	1,075	73,636	235	1,211	-976	72,660	71.6	67.6
D社	675	711	22,935	0	1,625	-1,625	21,310	31.6	30.0
E社	315	454	4,885	850	1,030	-180	4,705	14.9	10.4
F社	2,165	2,329	27,247	10	2,565	-2,555	24,692	11.4	10.6
G社	5,641	5,830	96,831	0	6,386	-6,386	90,445	16.0	15.5
H社	1,233	1,310	17,992	0	2,431	-2,431	15,561	12.6	11.9
I社	-36	27	3,404	122	868	-746	2,658	-	98.4
J社	175	196	3,479	308	922	-614	2,865	16.4	4.6
K社	675	719	3,562	1,332	1,355	-23	3,539	5.2	4.9
L社	70	94	4,879	0	310	-310	4,569	65.3	48.6
M社	673	784	7,949	0	1,498	-1,498	6,451	9.6	8.2
N社	1,461	1,571	280,147	2,562	7,709	-5,147	275,000	188.2	175.0
O社	-29	5	2,936	30	2,384	-2,354	582	-	116.3
P社	107	143	13,850	0	2,577	-2,577	11,273	105.4	78.8
Q社	1,324	1,709	20,513	300	2,713	-2,413	18,100	13.7	10.6
R社	134	209	3,479	14	702	-688	2,791	20.8	13.4
S社	1,305	1,352	33,748	0	2,562	-2,562	31,186	23.9	23.1
T社	554	805	6,938	100	659	-559	6,379	11.5	7.9

注）グレーアウトした 5 社は異常値として比較対象から除外して評価

5 DCF法の詳細

本項ではDCF法についてもう少し詳しく説明いたします。やや専門的な内容となりますので、読み飛ばして頂いても問題ありません。但し、DCF法の考え方は経営上の投資判断等にも活用できますので、ある程度は理解されることをお奨めします。

現在価値とは何か

DCF法では将来FCFを現在価値に割引計算します。現在価値に割引くということは、普段はあまり意識することがないため、DCF法を難しいと感じさせる要因になっています。

割引計算の逆は複利計算です。複利計算は聞いたことがあるかと思います。例えば、銀行に利息2%の定期預金を100万円預けると5年後には幾らになるか？これが複利計算です。複利計算の算式は図表6-10に示していますが、この場合は約110万円となります。

それでは、逆に5年後に100万円とするためには、定期預金として幾らを預ければ良いでしょうか？これが割引計算です。この場合は約91万円となります。つまり、5年後の100万円は現在の価値としては91万円しかないと言うことです。

図表 6-10 ◆現在価値への割引計算

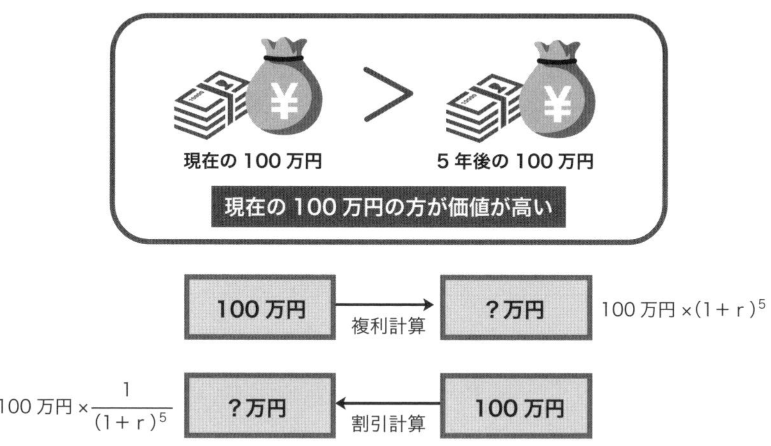

割引率の算定

DCF 法で企業価値を算定する際の割引率は、WACC（Weighted Average Cost of Capital）を用います。WACC とは加重平均資本コストのことで下記の算式により算定できます。

【WACC の算式】

WACC ＝ E/(E+D)× 株主資本コスト＋ D/(E+D)× 負債コスト（1- t）
E：株主資本（時価ベースの純資産）
D：有利子負債（時価だが通常簿価と乖離がないため簿価で代替する）
t：法人税等の実効税率

株主資本コストとは、株主が期待する投資利回りのことで、一般的にCAPM（Capital Asset Pricing Model：資本資産評価モデル）による下記算式より算定します。

【株主資本コストの算式】

株主資本コスト＝リスクフリーレート＋β×リスクプレミアム

リスクフリーレートとは、リスクの無い資産の利回りのことで、通常は長期国債の利回りを参考に設定します。βとは個別企業のリスクを示したものです。具体的には、個別企業の株価とTOPIX等の株価指数との連動関係より算定されます。例えばβが1.0の場合、TOPIXが2%上昇すれば、その企業の株価も2%上昇する連動関係にあります。βが1.5であれば株価は3%上昇しますので、TOPIXよりも値動きの大きい株式であり、リスクは高いと言えます。実際、インターネット関連の新興企業や、ブランド品等の嗜好品を扱う企業のβは1.0よりも大きく、逆にインフラ系や医療系の企業のβは1.0よりも小さくなる傾向にあります。

このβは上場企業であれば個別に算定されたものをブルームバーグ等から入手できますが、非上場企業の場合には存在しません。そのため、類似する上場企業のβを参考にして設定することになります。

リスクプレミアとは、過去の株式市場の投資利回りが、リスクフリーレートをどれだけ上回っていたかにより算定されます。過去の実績値であるため、どの期間で算定するかにより大きく異なります。証券会社等が独自に算出していますが、近年のM＆Aでは4～5%程度のリスクプレミアムとすることが多いように思います。

最後に負債コストですが、これは有利子負債の支払利率になります。気を付けることは税引き後の利率とする点です。支払利息は税金計算上損金となるため、その節税効果を割引率に反映させるためです。

残存価値の算定

将来 FCF の予測期間は5年～10年程度であるため、予測期間以降の残存価値を別途算定する必要があります。算定方法としては次の2つの方法があります。

【残存価値の算定方法】

A：予測期間最終年度の FCF が永続的に続くと仮定して算定する方法
B：予測期間最終年度の EBITDA 等を基にマルチプル法で算定する方法

算定方法Aは簡単で、最終年度 FCF を WACC で割ることで計算できます。例えば最終年度 FCF が1億円、WACC が8%であれば、残存価値は1億円÷8%で12.5億円と算定されます。因みに成長率を加味する場合には、その分だけ割引率が下がります。先の例で成長率を3%見込むのであれば8% -3% = 5%が割引率となり、残存価値は20億円となります。

算定方法Bは、予測期間以降に上場ないし売却すると仮定して、残存価値を算定しようという考え方です。算定方法はマルチプル法で説明したとおりですが、この方法の利点は、DCF 法とマルチプル法の算定結果を１つの評価結果として示すことができる点です。実際に DCF 法を適用してみると分かるのですが、DCF 法による価値算定の大部分は残存価値に拠ります。その部分をマルチプル法という相対市場価値を反映する方法で評価することは理に適った手法だと思います。

DCF法の留意点

DCF 法は最も理論的に企業価値を評価する方法でありますが、①将来 FCF の算定、②割引率（WACC）の設定、③残存価値の算定の３点をどう置くかによって大きく評価結果が異なります。

そのため、マルチプル法などの他の評価手法によって妥当性を検証することや、前提条件の設定に幅を持たせ、企業価値として妥当なレンジを導き出すといったアプローチが必要となります。

投資判断における正味現在価値法

本項の冒頭で申し上げたとおり、DCF 法の考え方は経営上の投資判断にも活用することができます。呼び名が正味現在価値法（NPV 法）と変わりますが、事業投資から得られる将来 FCF の算定や、それを現在価値に割引計算するための WACC は、DCF 法と同じ考え方になります。

異なるのは残存価値です。企業価値を算定する DCF 法では残存価値が重要でしたが、事業投資では残存価値がない、つまり投資効果には有効期間があると考える場合が多いです。その場合、有効期間内の将来 FCF を直接設定するため、残存価値として別途設定することは稀です（中古機械等として売却可能額を将来 FCF に含めることはあります）。

6 買い手の次世代に向けた自社株対策

親族以外に自社株を承継することで、オーナー家としては自社株承継の悩みから解放されます。その代わり、買い手は次の世代に向けた自社株対策に追われることになります。

M&Aで第三者に事業売却する場合はそこまで心配する必要はありませんが、役員・社員へ自社株承継する際には、次の世代のことも考慮しておく必要があります。

意外にすぐ来る次世代への承継

日本的な雇用制度が崩れてきたとは言え、まだまだ年功序列的な考えは根強く残っています。役員・社員に承継する場合にも、30代や40代といった若い世代にいきなりバトンタッチすることは稀で、50歳前後の方を後継者とすることが大半です。

そうすると大体10年位で、次はどうしようか？という話になります。実際、筆者は事業承継のコンサルティングを始めて20年近くになりますが、最近は2度目、3度目の承継相談が増えてきています。

次世代で親族承継となることは少ない

一旦、役員・社員への承継をした会社で、次の世代で後継者となった方の親族に承継することは少ないです。創業家ではないため、会社への想い入れがそこまで高くないことに加え、社内の雰囲気が次の社長も役員・社員の誰かに、となっているためと考えられます。

但し、面白いことに創業家に先祖返りすることは、幾つかの会社で経験しました。当初は、親族承継は難しいとして役員・社員へ承継したのですが、その後親族の方が会社で働くようになり、次世代で再びその方に承継することになったケースです。日本企業は社名にオーナーの名字を入れていることがよくありますが、○×会社の○×さんというのは、やはり特別な存在なのだと思います。

「社員の会社」へという想い

役員・社員に承継した会社での２度目、３度目の承継相談では、後継社長選びの悩みは少なく、自社株をどうするかといった相談が殆どになります。その際よく聞くのは「社員の会社にしていきたい」という想いです。これはある意味では当然の帰結なのかと思います。誰も創業家のオーナー社長のようになる気はなく、また上場や事業売却もする気がないとなると、消去法的に社員が所有する会社へとなるのだと思います。

理論上は、従業員持株会等を活用して100%所有することは可能です。社員で分散して持つことにより、配当還元価額での譲渡が可能となりますので、自社株対策の心配はなくなります。一見、非常に上手いやり方のように思います。しかし、現実にそういった会社を見たことはありません。それは何故でしょうか？

「社員の会社」という幻想

実際にそうした事例を経験したわけではないので、以下は筆者の推論となりますが、組織というのはやはり中心、つまりリーダーを求めるのだと思います。それは平時よりも緊急時の方が、より強くなります。

平時、つまり業績が順調であれば、大株主ではないサラリーマン社長であっても組織のリーダーとなり得ます。従って、平時を保てる短期間であれば「社員の会社」でも、大きな問題は起きないと思います。

しかし、長期的なスパンに立てば、必ず業績不振や大きな環境変化に直面する緊急時が訪れます。その際、社長には大きな舵取り、例えば事業撤退やリストラ、未知なる成長市場への投資等の決断が求められますが、サラリーマン社長では「胆力」が足りません。そうした「胆力」はオーナー社長としてリスクを取ってきたか、修羅場を何度も超えてきたプロ経営者でなければ身に付かないからです。

だからと言って、「社員の会社」ではサラリーマン社長に取って変わる人もいません。皆がどこか他人事であり、心意気のある人は転職し、会社は茹で蛙状態になっていくことは、想像に難しくありません。

上場して投資家からの厳しい目で見られることも避け、大株主としてリスクをとることも避け、身内の社員同士で仲良く経営していこうというのは、少々都合が良すぎる話だと思います。

次世代承継に向けた留意点

役員・社員に自社株承継する場合、更に次の世代まで見据えた時には先ず、株式譲渡により発生する借入金が次世代承継時までに完済できるかを検証する必要があります。例えば、ＭＢＯにより自社株承継を行うと会社に借入金が発生します。この借入金は事業収支から返済するわけですが、それが次世代承継時までに完済できていないと、再びＭＢＯすることは難しくなります。自社株承継のために発生した借入金は、その世代内で完済していくようにしないと、会社の財務構造はどんどん悪化してしまいます。

次に留意すべきことは、従業員持株会を始めとする安い価額での譲渡や贈与です。従業員持株会は５章で説明したとおり、配当還元価額で移動できることが一つのメリットですが、後継者となった役員・社員は、相続税法上の評価方式に従った株価で譲渡を受けています。そのため、従業員持株会等に対して自身の所有する株式を配当還元価額による安い株価で譲渡することには反対する可能性があります。将来的には従業員持株会を導入したいのであれば、最初の役員・社員への承継段階で導入しておくことをお奨めします。

同様に贈与税の納税猶予制度は親族外への承継でも活用できますが、譲渡によって取得した株式を、次世代の後継者には贈与しましょうというのは無理があります。贈与税の納税猶予制度を活用していくのであれば、やはり最初の役員・社員への承継段階から活用しておくべきです。

自社株対策の悩みから解放されるには

親族承継であれ、親族外承継であれ、２度目、３度目となると共通して言われる愚痴があります。それは「いつになったら自社株対策の悩みから解放されるのか」です。

企業経営を取り巻く日本の税法は、俗に３重苦（法人税を納め、所得税を納め、最後に相続税を納める）と呼ばれるほど難しい命題ですが、本書の締めとして「最終的な上がりの姿」、ここまで到達すれば自社株対策の悩みから解放されるのでは、という点について考察したいと思います。筆者の考える到達地点は次の２つです。

【自社株対策の悩みから解放される到達点】

その１．完全なパブリックカンパニーとなる
その２．分社化経営を進める

完全なパブリックカンパニーとなる

完全なパブリックカンパニーという到達地点は、２章で事例として示したＩ社が今後目指すべき上がりの姿です。従って、大方の上場企業、上場志向先に当て嵌まります。

上場企業＝完全なパブリックカンパニーではない

事例のＩ社がそうであったように、上場していても実質はオーナー企業という会社は少なくありません。会社四季報等で株主欄を見てみると分かりますが、大株主として創業一族の名前や、見知らぬ会社の名前（＝創業家の資産管理会社）が、多くの上場企業で載っています。こうした株主の割合が高いほど、オーナー企業度合いも高く、自社株対策の悩みからは解放されていないことになります。

安定株主確保は難しくなっていく

創業家株主以外では、友好的な取引先等に株式を所有してもらって、安定株主として確保することも良くあります。しかしながら、こうした政策保有株式について、コーポレートガバナンス・コードは、政策保有に関する方針を開示することや、政策保有株式に係る議決権行使についての基準を策定・開示することを求めています。

従って、今後は政策保有株式として所有してもらうことが難しくなることが予想されるため、従来のような安定株主を確保した中での経営からは徐々に脱却して行くことが求められます。上場した以上、ある意味では当たり前とも言えます。

完全なパブリックカンパニーの姿とは

筆者の考える完全なパブリックカンパニーとは、株式会社の最も特徴的な点である「所有と経営の分離」が完全に出来上がっている会社です。従って、先ずは株式市場との関係から見直して行く必要があります。

図表 6-11 ◆完全なパブリックカンパニーの姿

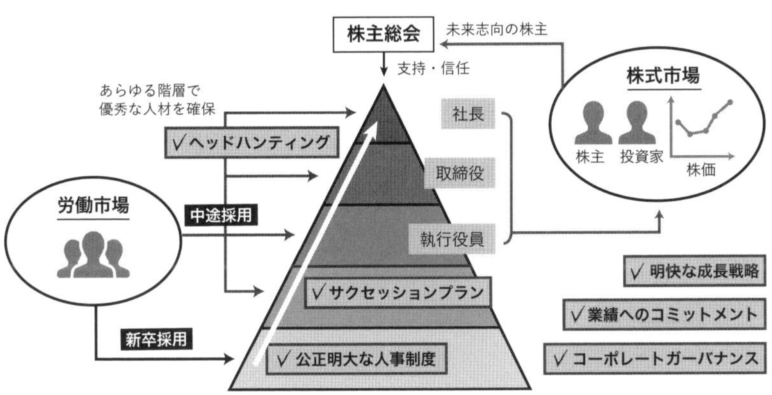

そもそも何故、安定株主を必要としてきたかと言えば、1つは経営陣の甘えです。経営陣としての考え方が否定されないため、もっと言えば自分達の保身のためです。名義は違えども、実態としては所有と経営が分離できていない状況です。

もう1つの理由は、株主総会の定足数を確保するためです。実務上はこちらの方が切実な理由かもしれません。株主総会を開催するためには、議決権の過半数を有する株主の出席（委任状含む）が必要ですが、一般投資家の多くは株主総会には出席しません。つまり、株価や配当には興味があっても、会社には興味がないという一般投資家が殆どです。一定の安定株主が居なければ、株主総会を開催することさえ危うくなってしまう現実問題があります。

こうした問題に対応するためには、社長以下の経営陣が株式市場に対して明確なメッセージを発信し、会社に興味を持ってくれる未来志向の株主を獲得することが必要です。

具体的には先ず、明快な成長戦略を示す必要があります。投資家が株を買う理由は株価上昇や配当を期待するからです。従って、未来を描く成長戦略がなければ、テクニカルな割安・割高での売買をする投資家しか集まってくれません。

次に、業績に対するコミットメントが必要です。上場企業の多くは、業績予想や中期経営計画を発表していますが、それらが未達に終わった時の「痛み」を経営陣が感じる仕組みがありません。逆に言えば、業績が好調であった時の「旨み」を感じる仕組みも不十分です。株式報酬等の導入により、経営陣が投資家と同じ目線で「痛み」も「旨み」も感じられるインセンティブを付与すべきです。

最後にこれは非常に大きなテーマですが、コーポレートガバナンスの高度化を進めて行くことが必要です。コーポレートガバナンスには守りと攻めの両面がありますが、多くの企業不祥事は守りのガバナンスが不十分であることに起因します。最悪の場合、倒産にまで繋がるリスクがありますので、株主からの支持・信任を得るためには、少なくとも守りのガバナンスについては、確たる対応が求められます。

労働市場との関係

「企業は人なり」とは使い古された言葉ですが、完全なパブリックカンパニーとして株式市場からの支持･信任を得続けるためには、あらゆる階層で優秀な人材を確保できるよう、労働市場との関係についても配慮しておくことが必要です。

そのためには先ず、公正明大な人事制度が必要です。上場企業であれば人事制度がないということはありませんが、公正明大に運営されているかと言うと疑問符がつく状況は少なくありません。一例を挙げれば、目標管理制度を導入しても最後の評価は中央値寄りになり、頑張っても頑張らなくても大差がなかったり、肝心の昇進・昇給は上司の好き嫌いの影響が大きかったりします。若い世代を中心に労働人口が縮小していくことが避けられない中、旧態依然としたブラックボックス型人事は到底魅力的ではありません。人材の多様化と共に、新たな時代にあった公正明大な人事制度を築くことは大きな経営課題と考えます。

次に重要なことはサクセッションプランです。一般的には経営者人材､特に経営トップの後継者育成計画という意味で使われますが、ここではあらゆる階層における後継者育成という意味で、サクセッションプランという言葉を使用しています。

これは、経営トップの後継者を育成するためには、その手前の取締役や執行役員の後継者を育成する必要があり、そのためには更に手前の部長等の管理職の育成をと、シームレスな連鎖で人材育成・教育を進めるべきという考え方のためです。

最後に採用については、新卒採用や中途採用に加えて、上級管理職のヘッドハンティングをもっと積極的に行うべきです。生え抜きの社員を育てることは勿論大事ですが、それだけですと同じような考え方の社員ばかりとなってしまいます。

組織としてのイノベーション力を豊かにし、経営を活性化するためには、外部から異質な人材を獲得することは有効な手段です。そのためにはヘッドハンティング用の人事制度を整備しておくことも必要です。魅力的な報酬提示ができることや、逆に成果を出せなければリリースできることなど、通常の人事制度とは異なる要素が求められます。なお、上級管理職の範囲としては、一番トップは社長もあり得ます。今はまだ少ないですが、社長を外部から獲得してくることは、今後はどんどん増えていくと思います。

事業売却も完全なパブリックカンパニーとなる手段の1つ

ここまで説明すると、自社が完全なパブリックカンパニーになるのは到底無理と思われるかもしれません。しかし、何も自社自体がそうなる必要はなく、既に完全なパブリックカンパニーとなっている会社に対し事業売却をすることも手段の１つです。

アメリカではスタートアップと呼ばれる企業群があります。これは日本でいうベンチャー企業とは異なります。スタートアップとは、先鋭的なビジネスモデルを産出し、事業売却することで多額の利益を得ようとする一攫千金を狙った企業のことです。この様に書くと何やら怪しげに聞こえるかもしれませんが、アメリカではスタートアップ専門の著名な起業家も多く、画期的な事業を産出しては大手企業に売却して多額の資金を得て、また新たな事業を産出す、といったことを繰返しています。

日本では売却というと後ろめたいイメージがまだまだありますが、誰もが知っているような超有名企業に売却できるような事業に仕立て上げると言うのは、経営者の目標として「あり」ではないでしょうか。

8 分社化経営を進める

会社として大きく成長し、所有と経営とが分離した完全なパブリックカンパニーを目指すのに対し、分社化経営は「所有と経営を一致」させた中で、スモールビジネス化していく発想になります。

「社員の会社」との違い

「社員の会社」の発想は、株式を分散して所有することで会社を共有物にしようという考えです。それに対し分社化経営は、会社を複数に分けて、個々で所有と経営を行おうとする考えです。

但し、完全にバラバラな会社同志になっては意味がありませんので、資本関係のない緩やかな連携を目指します。そうした連携は何も特別なことではなく、古くには「のれん分け」と称されていましたし、現代風に言えばフランチャイズチェーンやボランタリーチェーン、業務提携といったものが該当します。

こうした分社化経営は飲食業や小売業など、多店舗展開する業種では馴染みやすいと思います。例えば、ラーメン屋を10店舗経営する会社を承継する場合に、1つの会社のまま10店舗経営する形態で承継しても良いですが、1店舗ずつやる気のある10人に承継させることも考えられます。これが分社化経営です。

図表 6-12 ◆社員の会社と分社化経営との違い

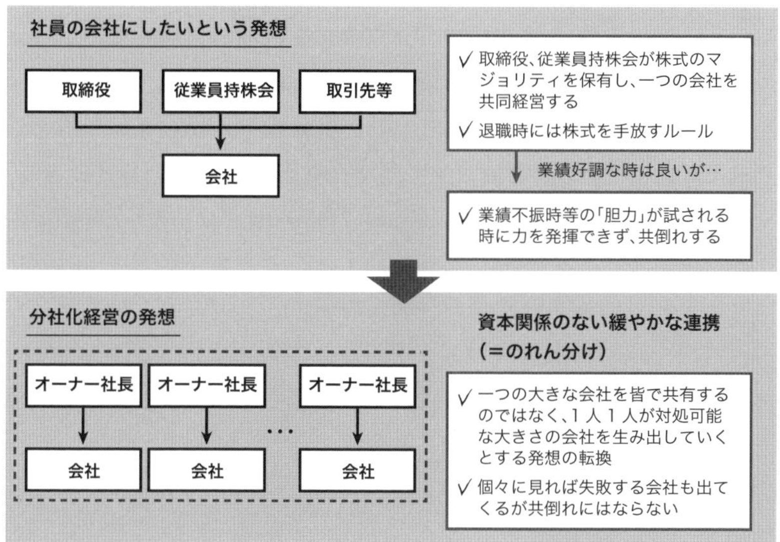

分社化経営の利点

分社化経営の利点は共倒れしない、つまりリスク分散できることです。先の例で言えば、10人の中には失敗する人も出てくるでしょうが、他の店舗には連鎖しません。また、1店舗から何店舗にも増やす成功を収める人も出てくるかもしれません。

明らかに才覚があって、やる気もある人が後継者として明確であれば、10店舗まとめて承継すれば良いでしょうが、そうでない場合に無理に1人に背負わせるのではなく、複数人に分けて経営させた方が、事業の生き残り確率、成長・発展確率は高くなると思います。

将来的には、10人の中で成功した人に経営統合し、再び大きな会社としての成長をめざし、完全なパブリックカンパニーを目指すことも考えられます。

また、こうした分社化経営は、事業承継以前の人材育成という意味でも有用です。以前、積極的に分社化を進めている上場企業の一子会社の社長と会ってビックリしたことがあります。スーツも着こなせていない20代の若者が出てきたからです。また、分社化当時、その子会社の売上高は数千万円という状況でしたので、上場企業の子会社として大丈夫なのかと感じたことを覚えています。

しかし、そこから5年も経つと、経営者として一端の顔つきになり、今では本体の取締役に名を連ねています。よく「立場が人をつくる」と言いますが、どんなに小さい会社でも「社長」という立場を与えてみることは、最高の人材育成方法だと思います。

分社化経営の仕方

飲食業や小売業であれば、店舗単位で分社化し、購買機能や商品企画機能を通じた緩やかな連携を図る等比較的イメージし易いと思います。では、他業種ではどうでしょうか。

製造業で工場は1つだけというようなケースでは、分社化が難しいと思われるかもしれませんが、製造業の強みは「製造」から「開発や技術」に移ってきています。自らは製造機能を持たないファブレスメーカーも多くあります。その視点に立てば、開発・技術の視点から分社化をし、それぞれがユニークな製品企画・開発を行い、製造は元々の自社工場や外部工場に委託するといった形態が考えられます。この場合は、技術や情報を通じた連携を目指すことになります。

卸売業であれば、商材やチャネル、地域といった単位で分社化したり、商流機能と物流機能とを分けたりすることが考えられます。そもそも自社だけではなく、他社との協業やコラボレーション、更にはオープンイノベーションといった考えが志向される現代において、分社化できないということは考え難いです。もちろん、自社にとって分社化経営が必ずしも最適とは限りませんし、単純に会社数が増えれば管理コストは増えます。従って、絶対的に分社化経営をお奨めしているわけではありませんが、1つの選択肢として検討してみることは有益だと思います。

［コラム］

ユニークな後継者選定

◉中小企業では珍しい「後継者選定レース」

本書を執筆している最中に、役員・社員への事業承継についてご相談を受けました。通常、そういったご相談では候補者が数名程度に絞られている状況が多いのですが、ご相談会社の意向としては定役職以上の15名を対象に後継者を選定したいということでした。

しかも、社内にはオープンにして進めたいとのことで、既に社長から外部のコンサルタントに依頼をして事業承継を進めて行く旨を社内発表されたとのことでした。

大企業であれば、この様な「後継者選定レース」をあえてオープンに進めることもあるかと思いますが、この会社は売上高数十億円、社員数百数十名のよくある中小企業です。正直、この様な進め方をすることについては心配もありました。ただ、実際にコンサルティングを開始してみると、この会社であればユニークな後継者選定ができそうだと感じるようになりました。以下、そう感じたポイントについて説明します。

◉これまでもオープンな経営をされてきた

社長・専務の二人三脚で舵取りしてきた会社ですが、決算書を始め、経営に関する色々なことを社内上オープンにしていました。一例を挙げると、社長が中期経営計画を毎期作成し、製本をしたものを全社員に配布すると共に、中期経営計画説明会を取引銀行等も招いた上で、毎年開催されていました。上場企業であっても、ここまでのことをしている会社は少ないと思います。この様にオープンな経営をしてきた社長・専務にとって、後継者選定という一大イベントも当然オープンに進めるべき、という考えに至ったのだと思います。

◉安定した収益基盤を有している

公共関連の情報システム構築の請負が主たる事業で、売上高の大部分は特定の大手企業グループからの二次請けでした。高い収益性や成長性は見込めないものの、業績は安定しており、経営としてどうすれば良いかはある程度固まっていました。そのことが後継者を広く募っても大丈夫という判断になったのだと思います。

また、候補者側から見ても、経営をバトンタッチされることへの不安が少ないようで、候補者を対象とした事業承継説明会や個別面談では、後継者となることへの意欲的な姿、発言が見られました。

◉事業承継に向けた長い熟成期間

社長からは事業承継への対応が遅くなったとお聞きしたのですが、実際には事業承継をかなり意識され、今日に至っていました。その理由の１つは、比較的若い経営者が多い情報システム業界に身を置いていたことが挙げられます。自分達よりも若い世代が活躍しないと駄目になる、そういう意識が通常の経営判断の中に活かされていました。

例えば、大手企業グループとの人脈はこの会社の生命線ですが、それを組織の各階層で構築するように広げられていました。社長・専務が退陣されて顧客との関係は大丈夫か？という問いに対し「全く問題ない」と自信をもって回答されました。確かに事業承継のためと明示した対応はしてこなかったのかもしれませんが、このような回答ができるようになるには、長い熟成期間があったのだと思います。

この会社の事例は現在進行中であるため、どういった結果になるかはまだ分かりませんが、親族以外への承継が増えている一方で、どの様なアプローチを取るべきか暗中模索の状況です。オープンな後継者選定は一筋の光明となり得るのか、筆者としても大変興味深いところです。

〈著者紹介〉

野尻　剛（のじり・つよし）

株式会社日本総合研究所リサーチ・コンサルティング部門シニアマネジャー。
公認会計士。
慶應義塾大学経済学部卒業後、監査法人伊東会計事務所にて大手自動車グループの監査業務等に従事。その後、日本総研にて民間企業への経営コンサルティング業務に従事。日本のモノづくりを支えるメーカーの経営戦略、とくに裾野の広い自動車産業が得意分野。
「企業は人なり」をモットーに、単に戦略を考え、提言するだけのコンサルティングではなく、持続的に強い企業となるための支援を行う。その中には、事業承継、オーナーの持株問題に関する実績も多く、最も納得性の高い形で着地させてきた。
著書に『葛藤するコーポレートガバナンス改革』（共著、きんざい）がある。

オーナーのための 自社株承継完全バイブル

2018年 8月27日　　第1刷発行

著　者――野尻　剛
発行者――八谷　智範
発行所――株式会社すばる舎リンケージ
〒170-0013　東京都豊島区東池袋3-9-7　東池袋織本ビル1階
TEL 03-6907-7827　　FAX 03-6907-7877
URL http://www.subarusya-linkage.jp/
発売元――株式会社すばる舎
〒170-0013　東京都豊島区東池袋3-9-7　東池袋織本ビル
TEL 03-3981-8651（代表）
03-3981-0767（営業部直通）
振替 00140-7-116563
URL http://www.subarusya.jp/
印　刷――ベクトル印刷株式会社

落丁・乱丁本はお取り替えいたします。

ISBN978-4-7991-0725-6